（1）金印「漢委奴國王」

国宝、福岡市博物館所蔵、写真提供：福岡市博物館、辺長：約2.3cm

全景

印面

（2）安徳台遺跡群２号棺・５号棺及び出土遺物

町指定有形文化財、那珂川町保管、写真提供：那珂川町教育委員会

① ２号甕棺墓（右）　全長：約224cm

５号甕棺墓（左）　全長：約215cm

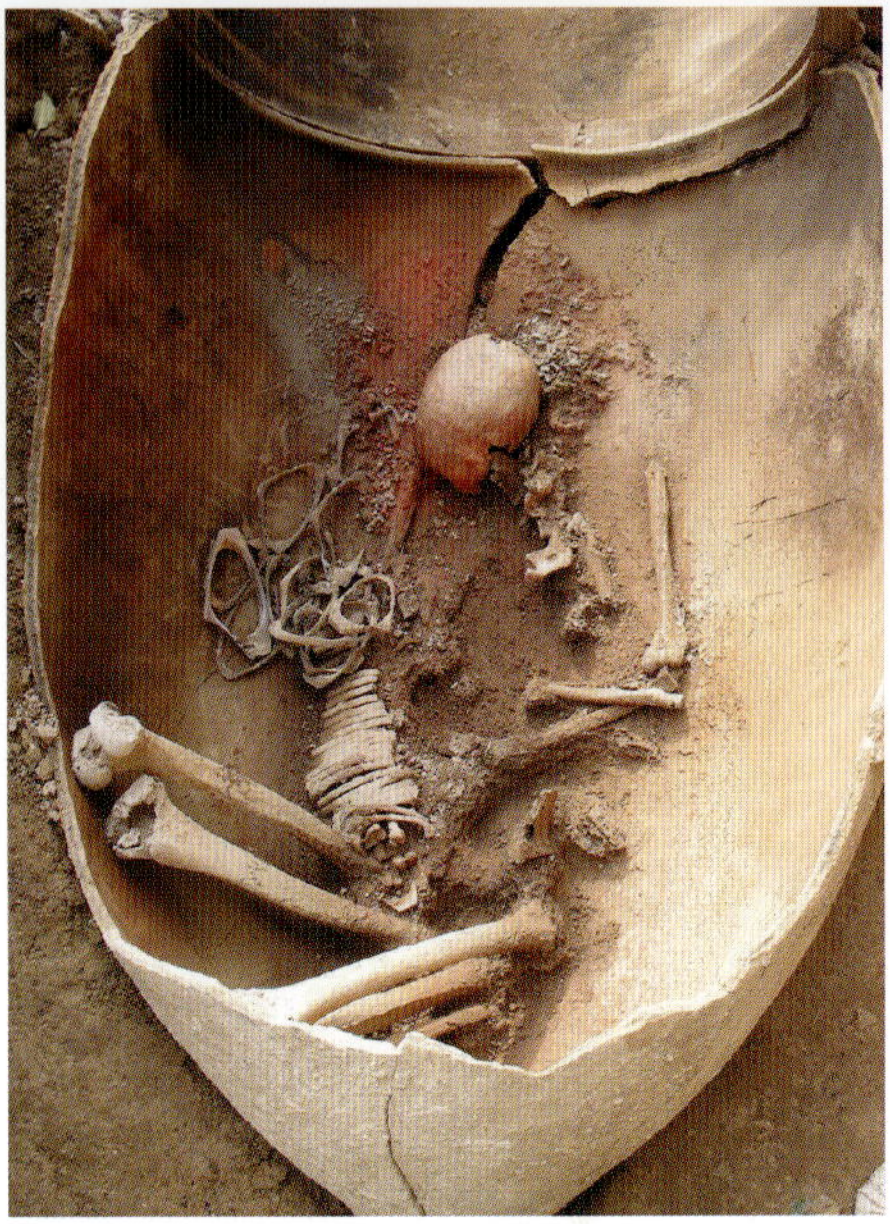

②２号甕棺墓人骨出土状態

③鉄剣
全長：約38㎝

④鉄戈
全長：約29㎝

⑤ガラス製塞杆状製品
全長：約３㎝

⑥ガラス製勾玉
全長：約1.5～２㎝

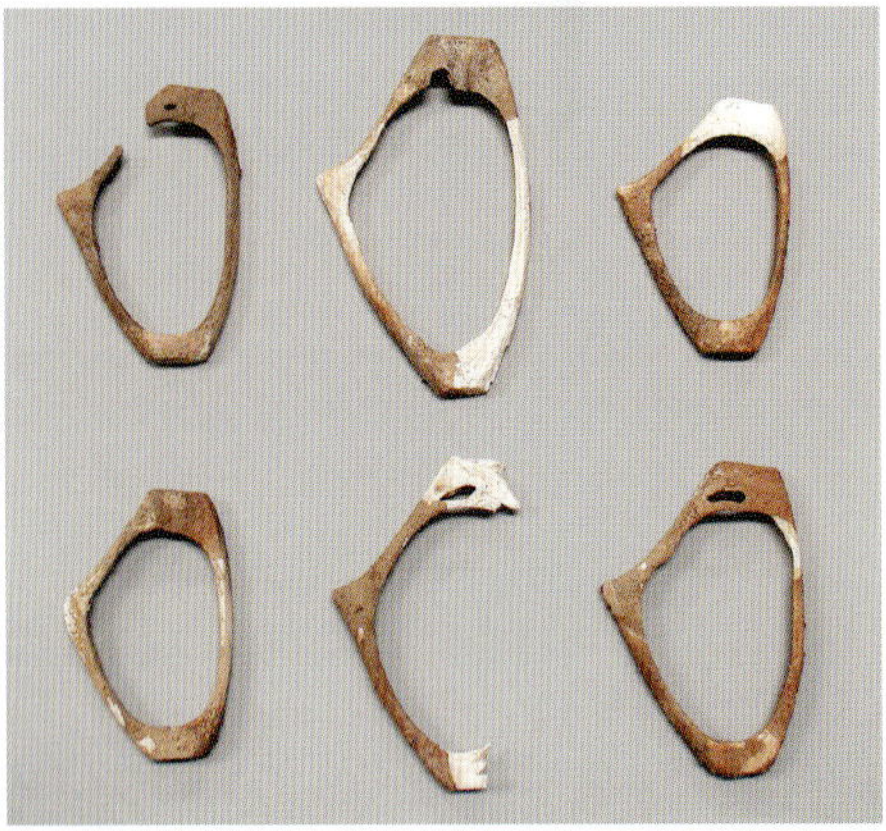

⑧ガラス製管玉　全長：約１～1.5㎝

◀⑦護法螺貝の腕輪　全長：約13～15㎝

（3）内行花文八葉鏡（平原弥生古墳出土10号鏡）

国宝、国（文化庁）保管、写真提供：伊都国歴史博物館、直径：約46.5cm

（４）尚方作流雲文縁方格規矩四神鏡（平原弥生古墳出土８号鏡）

国宝、国（文化庁）保管、写真提供：伊都国歴史博物館、直径：約16.1cm

鴉

神となった金印

月潭眞龍

花乱社

亀井南冥先生
中山平次郎先生
原田大六先生
原田イトノ先生
に捧ぐ

はじめに

十月中旬の早朝。福岡県糸島市《いとしま》の平原弥生古墳《ひらばるやよいこふん》（平原一号墓）より東方の山々を望めば、日向峠《ひなたとうげ》から朝日が昇る、古代より変わることのない荘厳《そうごん》な光景に出会えます。

この墳墓《ふんぼ》に眠る女王、人々から神聖視され天照大御神《あまてらすおおみかみ》と呼ばれたその女王は、かつてこの地で、「八咫鏡《やたのかがみ》」を用いた日迎《ひむか》えの祭祀《さいし》を斎行《さいこう》しておられました。

「（前略）竺《つく》（筑）紫《し》の日向《ひむか》の高千穂《たかちほ》の久士布流多気《くしふるたけ》に天降《あも》り坐《ま》さしめき。（中略）この地は韓国《からくに》に向い、笠沙《かささ》の御前《みさき》を真来《まき》通りて、朝日の直刺《ただざ》す国、夕日の日照る国なり。故《かれ》、この地は甚吉《いとよ》き地。（後略）」

（『古事記《こじき》』より天孫降臨《てんそんこうりん》の場面）

『古事記《こじき》』及び『日本書紀《にほんしょき》』に語られる「神代史《じんだいし》」は、弥生《やよい》時代の歴史事実を反映させて編《あ》まれました。

天孫降臨《てんそんこうりん》(1)の地は、ここに実在します。

この地に女王が現れる二世紀の前半（原田学説に基づく）をさかのぼる一世紀の中頃、海を越えた西の大国、漢《かん》から贈られた「漢委奴國王《かんのわのなのこくおう》の金印《きんいん》」。

本書は、日本国家の形成過程において非常に重要な意味を持つ、この金印の謎に挑んだものです。

はじめ私は、その研究の内容を「金印譚《きんいんたん》」としてまとめましたが、読者の皆様に古代の姿を、より明確にイメージしていただくために、研究により導き出された自説を、童話「鴉《からす》」として著《あらわ》し、「金印譚」の前に置きました。

続く「亀井南冥《かめいなんめい》と金印弁《きんいんべん》」では、金印を最初に研究した、黒田藩の儒学者《じゅがくしゃ》・亀井南冥の、『金印弁』執筆当時の心情を、世に言われるものとは異なる視点から描き、「金印の出土地点についての一考《いっこう》」では、金印の出土地点についての先達の研究の足跡を記して自身の考えを述べ、「原田イトノ先生の思い出」では、考古学者・原田大六《はらだだいろく》氏の奥様、原田イトノ氏を追想致しました。

私は、この度縁あって、本書『鴉』を執筆することとなりましたが、それは、かつての自分と向き合うことに他なりませんでした。

私の育った糸島というところは古代遺跡の宝庫で、少し土を掘ると何処《どこ》でも土器の破片が出てくるような土地でした。

夢は考古学者になること。

小学生だった私は、来る日も来る日も、学校から帰ると、小さな鍬《くわ》とバケツを手に遺物の採集に向かいます。自分の手で掘り出される古代の人々の生活の断片に心は躍りました。

ある日のことです。須恵器《すえき》の破片を水ですすいでいた私は、その地肌に現れたものに目を奪われました。

それは「人の指紋」でした。古代の人が土をこね、器を作る際に付いたものです。

「本当に、ボクと同じ生きた人間がいたんだ！」

私の中で、古代と現代とが繋《つな》がった瞬間でした。

本に学ぶだけでなく、それまでに沢山の遺物を採集していた私は、古代、その地に人が住んでいたことをよく知っていました。

しかし、「知識として知る」ことと、それを「実感として知る」ことの間には、天と地ほどの開きがあったのです。

考古学者になることはありませんでしたが、少年の日の感激は、今もなお、私の魂を揺さ振り続けています。

平成二十九年一月一日

月潭眞龍

【注】

（1）天孫降臨《てんそんこうりん》……天照大御神《あまてらすおおみかみ》の御孫である邇邇芸命《ににぎのみこと》は、天照大御神《あまてらすおおみかみ》から豊葦原水穂国《とよあしはらのみずほのくに》（日本）の統治を命ぜられます。八咫鏡《やたのかがみ》、八坂瓊曲玉《やさかにのまがたま》、天叢雲剣《あめのむらくものつるぎ》（草薙剣《くさなぎのつるぎ》）の三器を、天照大御神《あまてらすおおみかみ》より賜《たまわ》った邇邇芸命《ににぎのみこと》は、天児屋命《あめのこやねのみこと》、布刀玉命《ふとだまのみこと》、天宇受売命《あめのうずめのみこと》、伊斯許理度売命《いしこりどめのみこと》、玉祖命《たまのおやのみこと》などの神々を従えて、天上の高天原《たかまがはら》から、地上の竺《つく》（筑）紫《し》の日向《ひむか》の高千穂《たかちほ》の久士布流多気《くしふるたけ》へと威風堂々《いふうどうどう》と降臨されました。日本神話の語るこのお話を「天孫降臨」と言います。

目次

＊＊＊

鴉《からす》

「鴉《からす》」の舞台（古代）

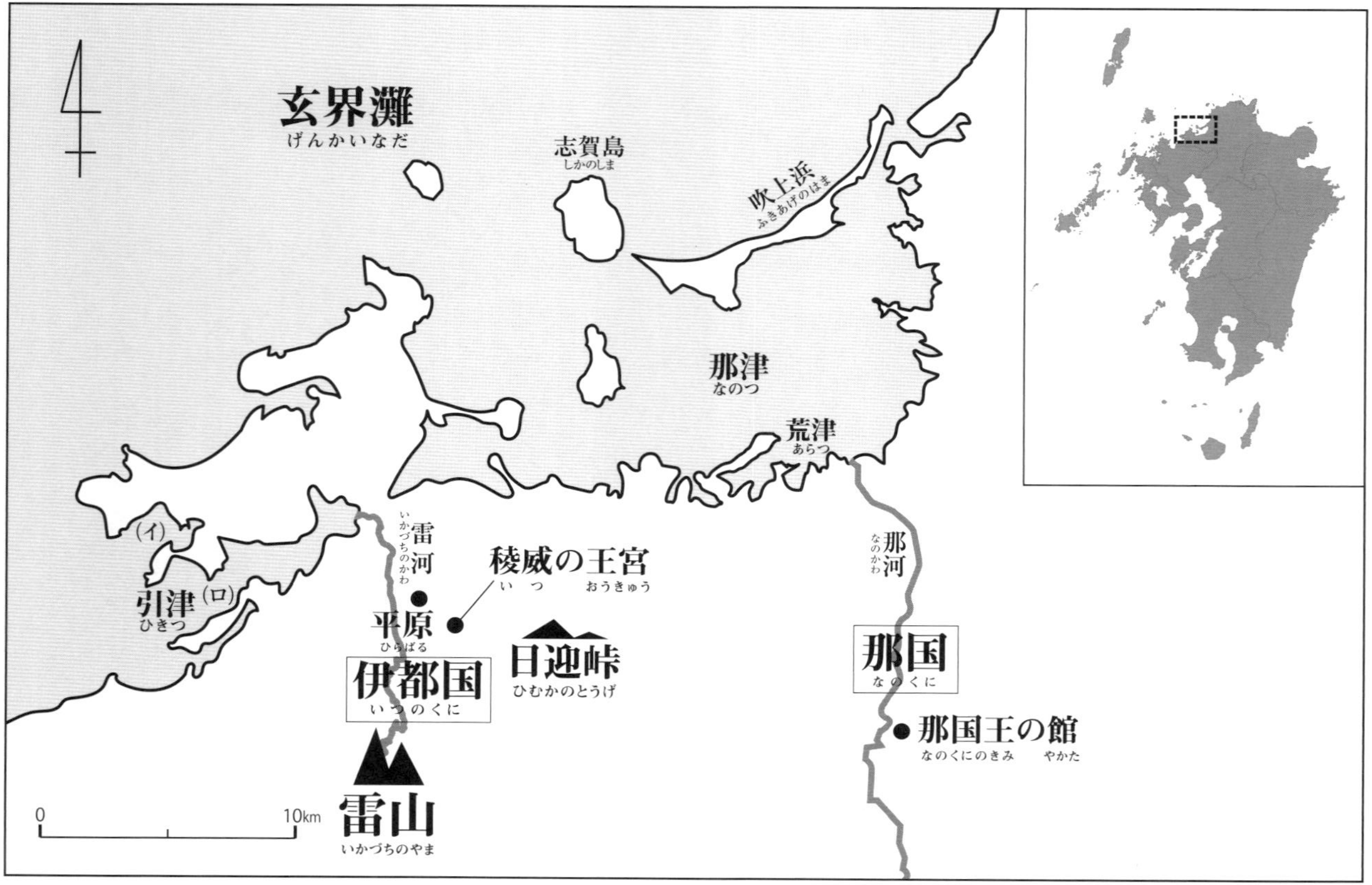

（地図の解説は、P46参照）

序章

物語の始まりに、不世出《ふせいしゅつ》の考古学者、原田大六《はらだだいろく》氏の遺《のこ》したこの言葉を紹介したい。

「人間には血も涙もあるとよ。血が流れとるとたい。涙流すんだ、悲しい時は。喜怒哀楽の波にもまれる中におる人間が、どうして冷静になれるとですか？　冷静になった歴史なんて世界中どこにあるとですか？　歴史には苦闘があり、苦痛も、喜びも、怒りも、悲しみも、あらゆることがあるとです。真実の歴史というものは、血も流せば涙もこぼすっていうんだよ………」（『新評』新評社、一九七五年）

原田氏は、古代の遺跡や遺物に、日本神話に、そして万葉歌に、血が通い涙を流す、生きた人間の真実の歴史を観ていた。

歴史を知ることは自分を知ることだ。誰も皆、先人の生《せい》の続きを生きていて、血脈《けつみゃく》を辿《たど》れば、それは古代にまで行き着く。

博物館の一室、ガラスケースの中、他の展示物とは明らかに異なる光を放って、それは在る。それは遠い日の記憶、ある二人の兄弟の生きた証……。

稜威《いつ》

玄界灘《げんかいなだ》を隔て、龍の鼻先を韓国《からのくに》に向けた半島。そこは大王《おおきみ》の居《こ》すところ、名を「伊都国《いつのくに》」と言った。

伊都国の勢力は九州北部の広域に及び、数多《あまた》の国々をその支配下に置いて、伊都国を盟主国とする連合国家の体を成していた。

「伊都国」の「いつ」の語には、「尊厳・神聖」という意味がある。盟主国、伊都国を中心とした尊厳ある神聖な国家として、連合国家は「稜威《いつ》」の名で呼ばれた。

日迎《ひむか》え

夜明け前。伊都国《いつのくに》の中心地、平原《ひらばる》。

聖《ひじり》は一人、東方の山々に向かって座していた。

側《そば》にそびえる常緑の大樹には、夥《おびただ》しい数の鏡が垂下《すいか》されている。

一時《いっとき》の静寂の後、空は白み始める。日迎峠《ひむかのとうげ》に一筋の光が射した。光は分かれ、次第に無数の光芒《こうぼう》となって大地と聖とを照らし出し、朝日を受けた鏡面は、眩《まばゆ》い光の矢を放つ。

そうして、鏡は日神《ひのかみ》（太陽）の御魂《みたま》を宿した。

初穂《はつほ》を日神《ひのかみ》に奉《ほう》じ、日迎《ひむか》えの祭祀《さいし》を斎行《さいこう》する、聖こと稜威大王《いつのおおきみ》の身体は歓喜に輝いていた。

稜威《いつ》では、日神《ひのかみ》と対話をする（日を知る）その人は、聖（日知り）と呼ばれ、日神《ひのかみ》の御子《みこ》として天津《あまつ》日高日子《ひたかひこ》とも呼ばれて、民《たみ》の尊崇《そんすう》を受けていた。

船上の男

大王《おおきみ》が平原《ひらばる》に拝《はい》した朝日は、洋上に船体を映し出していた。大きな船だ。船首に立ち前方を見るその男は、背は高く、眼光鋭く、全身これ鋼《はがね》といった風で、いかにも歴戦の将の雰囲気を漂わせている。

進む先に引津《ひきつ》の軍港を認め、武人は呟《つぶや》いた。

「奴《な》……あの一文字さえ刻まれていなければ……」

精悍《せいかん》な顔に、憂いの色が滲《にじ》んだ。

王宮《おうきゅう》

高床の巨大な王宮。先代より仕えてきた老将軍が束ねる大王《おおきみ》直属の兵達《つわものども》が守るその奥に、稜威大王《いつのおおきみ》は居《い》た。生まれて半月余り、待望だった王子を抱く妃《きさき》を傍《かたわ》らに、ゆったりと胡坐《あぐら》をかいて座る偉丈夫《いじょうぶ》の眼には、深い英智の光があり、相対する者を一瞬で虜《とりこ》にした。

連合国家稜威《いつ》には代々大王があり、海を越えた西の大国、「漢《かん》」との交流を重ねてきた。それは、未《いま》だ大王に服《まつろ》わぬ国々への強力な牽制《けんせい》となっている。

伊都国《いつのくに》の東、日迎峠を越えた隣国、名を「那国《なのくに》」と言う。稜威に属する諸国《もろくに》の中にあって、盟主国である伊都国は勿論《もちろん》のこと那国もまた、他の諸国とは別格の存在であった。

伊都国と那国は、代々同族により治められてきた。時の大王の居すところが稜威の王都となり、それは、伊都国と那国との間を数度遷都《せんと》したが、代々の王都の多くは伊都国にあった。

今もまた伊都国に王都があり、那国には稜威大王の弟が那国王《なのくにのきみ》となって、その地を治めている。兄弟の仲は良く、弟は兄を助け、兄もまたよく弟を可愛がった。

稜威は兄弟の代になり、急速にその領土を拡大していった。「智《ち》」に英でる兄が後にどっかと構え、「武《ぶ》」に長けた弟が前に出る。智と武、個性の違いはあるが、人心を掌握《しょうあく》する才において、兄弟の能力は拮抗《きっこう》していたと言ってよいだろう。事実、兄弟の父大王《ちちおおきみ》は、大王の位を二人のどちらに譲るものか随分と悩んだ。最終的には、古来の慣例にならい兄が大王となったのだが、たとえ弟が大王となったとしていても、民はそれを受け入れたであろう。

那国王とは、それほどの逸材であった。その弟が、大王より遣漢使《けんかんし》の長官に任命された。そこには、この度の遣漢使に賭《か》ける、大王の並ならぬ思いがあった。

「此度《こたび》こそ、我が弟ならば必ずや持ち帰るはず！」

帰還

「那国王《なのくにのきみ》、漢よりお戻りになりました！」

門外から声がした。

「帰ってきたか……」

航海は大変な危険を伴う。それが漢との往復ともなれば、生きて帰る保証などない。板《いた》の間《ま》を足早に近づいてくる音がする。その姿が見えるまでの短い時間が、大王《おおきみ》には随分と長いものに思われた。

「兄上、只今《ただいま》戻りました」

よく通る張りのある声だが、少し痩せたようにも見える。無理もない。遣漢使長官の重責は、那国王ほどの豪の者であっても、心労大なるものがあったのだろう。

「弟よ、長の旅、大儀《たいぎ》であった」

大任を務めた弟に、兄は労《ねぎら》いの言葉をかけた。

宴《うたげ》

兄弟の前に広げられる山海の珍味。それに酒だ。伊都国《いつのくに》は酒が美味い。

治世が上手くいっている国は酒が美味いという。

恵みの雨は、伊都国の南界、雷山《いかづちのやま》に濾過《ろか》されて、軟らかさと甘みを帯びる。小さな地湧きの源流は、次第に豊かな流れとなって平野部を潤し、稲穂をたわわに実らせた。

水が良い、米が良い、何より民は明るく良い顔をしている。

この「三良」は、そのまま那国《なのくに》にも当てはまる。

この度の渡海では、米、真珠、翡翠《ひすい》などが、稜威大王《いつのおおきみ》から漢皇帝《かんのこうてい》へと贈られた。それに対しての返礼の品々を納めた行李《こうり》（竹などを編《あ》んで作られた蓋《ふた》付きの箱）が、大王《おおきみ》の間《ま》へと運び込まれる。稜威大王と那国王《なのくにのきみ》、そして大王の直臣《じきしん》たちが見守る中、山と積まれた行李の封《ふう》は解かれてゆく。

第一の行李からは、百面の銅の「鏡《かがみ》」が取り出された。

鏡は、漢においては化粧道具の一つとして用いられてきたが、鏡面の輝き、そして背面の文様と文字が物語る、彼《か》の国の陰陽《いんよう》の思想に魅了された、大王を頂点とする稜威《いつ》の支配者層は、鏡を日神《ひのかみ》の御魂を宿す御神体《ごしんたい》として斎《いつ》き祀《まつ》り、その御神体を神器として用いる日神《ひのかみ》の祭祀を斎行してきた。

第二の行李からは、「剣《つるぎ》・矛《ほこ》・戈《か》」などの鉄の武器が大量に取り出された。

稜威では、以前は銅の武器を使用していたが、幾多《いくた》の戦《いくさ》を経て、今では殺傷能力のより高い鉄の武器が好まれている。

大陸より渡った「鏡」と「剣（武器）」、これに稜威で作られた「玉《たま》」を加えた三器を、稜威の支配者層は所有し権威の象徴としてきた。

第三、第四、第五、第六、第七、第八……。次々と行李は開けられてゆく。

粋《すい》を極め贅《ぜい》を尽くした品々に、初めは感嘆の声を上げていた直臣たちも、次第に言葉をなくしていった。

彼らは、漢の文化水準の余りの高さに圧倒され、彼我《ひが》の国力の歴然とした違いを痛感していたのだ。

そして、それは大王とても同じこと……。

最後に残った少し小さめの行李。

那国王は、封を解こうとする従者を制し、自らの手でそれを開け、中から、紐で綴《と》じられた竹簡《ちくかん》（文字を記した竹の札）の束を取り出して大王へと差し出した。

「漢皇帝より冊書《さくしょ》を賜《たまわ》っております」

那国王の言葉に、大王は一瞬大きく眼を見開き、ゆっくりと閉じた。

一度……、二度……。大王は、その言葉の重みを噛み締めるように肯《うなず》く。

冊書を結《ゆ》わえた紐の結び目には封泥《ふうでい》（粘土に捺印したもの）が施され、そこに現れる「皇帝」の二文字が、この冊書の重要性を雄弁に語っていた。

「読んでみよ」

「……兄上、本当に良いのですか？」

剛直な那国王らしからぬ歯切れの悪い言いように、何か言外《げんがい》の意思を感じた大王であったが、誰よりも信頼する弟が冊書を読み上げることに何の不都合があるものか、何を気にしているのだと、先ほどよりも強い口調で命じる。

「かまわぬ、読んでみよ！」

一呼吸を置いて、那国王は静かに答える。

「承知致しました……」

那国王は神妙な面持ちで冊書の封を解き、直立不動の姿勢をとってこれを読み始めた。

「楽浪《らくろう》（漢の直轄領である楽浪郡）の海中に在る稜威の地の大王に制詔《せいしょう》す。

汝《なんじ》が在るところ踰《はる》かに遠きも、乃《すなわ》ち貢献す。是《こ》れ汝の忠孝《ちゅうこう》。我《わ》れ汝を甚《はなは》だ愛《いつく》しむ。

汝、我が名の下《もと》、稜威の地を治め、勉《つと》めて孝順《こうじゅん》を為《な》せ……」

漢皇帝は朝貢《ちょうこう》（皇帝に謁見《えっけん》して貢物《みつぎもの》を献上すること）をしてきた周辺諸国に対し、その国の君主と君臣《くんしん》の関係を結んで後ろ盾となり、その君主の有する領土の統治権を承認した。

冊書と呼ばれる辞令を以《もっ》て封《ほう》じる（王に任じる）ことから、これを冊封《さくほう》と言う。

強大な漢の後ろ盾を得ることには、交易や軍事における多大な利があることから、その利を求めた多くの国々が漢の冊封を受けていた。

稜威もまた、曽祖父大王《そうそふおおきみ》の代より漢の冊封を受けており、漢皇帝が稜威の統治権を承認した証として「瑠璃《るり》（ガラス）の璧《へき》（中央に円孔《えんこう》を穿《うが》つ円盤状の祭器）」が、漢皇帝より曽祖父大王へと贈られ、祖父《そふ》大王《おおきみ》と父大王《ちちおおきみ》の代にも、同じく「瑠璃の璧」が贈られていた。

漢は、皇帝を頂点とした国家体制を磐石《ばんじゃく》のものとするために「印章制度」を構築していた。

官位に就《つ》く人物には、その地位に応じた様式の「印」が与えられる印章制度は、漢の国内のみならず、漢の冊封を受ける周辺の国々にまで及び、遠からず稜威にも流入することは必定《ひつじょう》であった。

その位に就いてよりこのかた、数度の朝貢を行ってきた稜威大王が、この度の遣漢使に期待した成果。それは、自身の代における稜威の統治権を承認した証、かつての「璧」に替わる「印」が、冊封に伴って漢皇帝より贈られることであった。

しかし大王は、漢皇帝による冊封を心より歓迎していたのではなかった。漢に追い着き追い越すために、今は甘受《かんじゅ》しその下に付くのだ。冊封を受けることは決して誉《ほまれ》ではない。自国の統治権を他国の君主が承認するなど、屈辱以外の何ものでもない。

さりとて冊封を受けねば、漢の文化を導入することは難しくなる。何より、大王に服わぬ国が数多ある現状にあって、漢の威力は何としても必要であった。

大王の間に響く朗々《ろうろう》とした声。那国王の口を借りて伝えられる漢皇帝の言葉を聞きながら、大王の中では相反する二つの思いが交錯していた。

謀《む》反《ほん》

杯《はい》を重ねながら、弟を見て思う。

〈またた……〉

弟は、後ろで結った長い髪の先を指で撚《よ》っている。それがなんとも煩《わずら》わしい。先刻《せんこく》から何度も繰り返すその仕草は、幼い頃の弟が、心配事のある時にしていた無意識の癖《くせ》だ。

父大王《ちちおおきみ》はその癖を、男子にあるまじきものと言い、強いて止めさせた。

〈今になって何故《なぜ》?〉

兄は苛立《いらだ》っていた。それは弟の癖の所為《せい》だけではない。全ての行李が開けられ、冊書も確かに存在するというのに、肝心の「印」が、未だ出てきてはいないのだ。

〈まさか「印」は無いのか⁉ いや、そのようなはずはあるまい。しかし、弟が読んだ冊書の中でも、「印」のことには触れられてはいなかった……〉

案じても詮無《せんな》き堂々巡りの思念。その鎖を断つべく、兄は言葉を投げた。

「弟よ、何か忘れてはいないか？」

その声には、静かだが問い詰めるかのような響きがあった。

弟は、一瞬身を固くした後、懐《ふところ》から小さな木箱を取り出して、両手で兄へと差し出した。

「何だ……、隠しておったのか。勿体《もったい》を付けおって。何故、早く出さぬのだ。案じたぞ！

しかし……、よくぞ……、よくぞ持ち帰ってくれた！」

そう言って、思わず相好《そうごう》を崩《くず》す兄であったが、弟の表情は何故か暗い。弟の様子に一抹《いちまつ》の不安は残るが、まずは中身を確めねばならぬと、兄は慎重に木箱を手に取り、ゆっくりと紐を解いて蓋を開けた。

中から現れたのは「黄金の印」だった。

その眩《まばゆ》い煌《きら》めきは、大王《おおきみ》の間《ま》のみならず王宮全体を包んでゆくように思われた。

〈まさか、金印とは……〉

大王は息を呑《の》んだ。

この度の遣漢使では、稜威《いつ》の統治権を承認した証の印が、漢皇帝より贈られるであろうことを予期していた大王も、それが「金印」とは夢にも思わぬことだった。

〈おそらくは銀印、ともすれば銅印もあり得る……〉

そのように考えていた大王が、瞠目《どうもく》するのも当然のこと。

絶対の支配者、漢皇帝の持つ印は「白玉《はくぎょく》」であった。

続く皇后は「玉《ぎょく》」。

皇太子、丞相《じょうしょう》・大将軍、諸侯王《しょこうおう》、列侯《れっこう》は「金」。

秩《ちつ》二千石《せき》の官吏《かんり》は「銀」。

秩一千石の官吏は「銅」。

蛇の鈕《ちゅう》（つまみ）に紫色の綬《じゅ》（組紐《くみひも》）が結わえられる金印を贈られた者は実に、漢の内臣である「列侯」に準ずる待遇を受けたことになる。

大王は心で唸《うな》った。

〈たとえこれが銀印であったとしても、服わぬ国々を平らげるには十分な威力を発揮するであろうが、それが金印ともなればその力は計り知れない。この印は将来必ずや、大八洲《おおやしま》（日本）の全てを治める大王の証となるだろう。

しかし、恐るべきは我が弟よ。今までは、漢は稜威のことを東方の蛮族《ばんぞく》と軽んじていたのであろうが、天下に号令する然《さ》しもの漢皇帝も、弟の振舞いに王者の風格を見て考えを改めたのだろう……〉

〈……弟が王者？　王だと!?〉

心中《しんちゅう》に生じた無意識の声に、大王は狼狽《ろうばい》した。

刹那《せつな》、大王の脳裏に浮かんだある疑念。

それは、瞬《また》く間に巨大なものとなって大王を捕《とら》えた。鼓動は早鐘《はやがね》を打ち始め、額には脂汗が滲んだ。

妄念《もうねん》よと、一笑に付すことのできぬほどにべったりと張り付いた、その忌《い》まわしいもの。

動揺している己に気付いた大王は、自身を叱咤《しった》した。

〈確かめよ！　確かめて打ち消すのだ！〉

意を決した大王は、印を反《かえ》してその文字を見た。

〈!!〉

稜威大王《いつのおおきみ》は眉をひそめた。

そこには「漢委奴國王《かんのわのなのこくおう》」と刻まれていた。

印文のはじめには「漢」の文字。ひと際大きく刻まれたそれは、盟主国としての存在感を強く誇示していた。

次に「委《わ》」の文字。これは「倭《わ》」の省画《しょうかく》だ。漢は稜威のことを「倭（倭国《わこく》）」と呼んだ。「倭」とは「廻《めぐ》って遠いさま・順《したが》うさま」。つまり、漢の都、洛陽《らくよう》から巡り巡《めぐ》って遠方にある従順な国ということで付けられた名称だ。

そして「奴國《なこく》」の文字。漢は那国《なのくに》のことを「奴国《なこく》」と呼んだ。漢には周辺国を賤称《せんしょう》する習慣があることから、「那国」という名称の中にある「な」の音に、賤《いや》しめた意味を持つ「奴」の文字を充《あ》てたのだ。

最後に、国の統治者を表す「王《おう》」の文字。

〈文字に表れる、漢の稜威に対する差別心。口惜しくはあるが今は忍ぶ時……。

しかし！「漢委奴國王」とはどういうことだ!?　これでは那国王《なのくにのきみ》に、漢皇帝は金印を贈ったものと読めるではないか！

「那国王＝奴国王《なこくおう》」は、「稜威＝倭」全体の統治者ではない。

金印が、稜威大王である私に贈られるものならば、その印文は「漢委國王《かんのわのこくおう》」でなくてはならないはずだ。何故だ⁉　何故、「奴」の一文字が刻まれているのだ⁉　まさか弟が……〉

奇怪極まる、この印文の真相を知ろうと、稜威大王は那国王を見据えた。

〈……〉

弟の眼の奥には、ある種の覚悟があった。

幼い頃より、隠すことなく何でも語り合ってきた兄弟だった。兄が大王となってからは、二人の絆は一層強固なものとなり、君臣の別は厳《おごそ》かに守られながらも、今や二人は一心同体と言ってよかった。

〈そうか、そうであったか……〉

視線を交わす、その数瞬で兄は全てを理解した。

その時兄が、弟の眼に観たものとは……。

〈我が命《めい》を受けた那国王は、遣漢使の長官として漢の都、洛陽に渡り、漢皇帝に謁見《えっけん》した。

その時、那国王は自身の身分を「大夫《たいふ》（稜威大王の高位の臣）」と言ったはずだ。「大夫、稜威の那国王」と名乗ったのだが、漢の側《がわ》は「稜威の那国王＝倭の奴国王」とは「稜威大王＝倭王《わおう》」のことであるものと誤解した。皮肉にも、那国王の堂々たる振舞いが確証となり、使節であった那国王を、稜威全体の統治者である稜威大王と見做《みな》したのだ。

そして、金印には「漢委奴國王」と刻まれた。

金印の文字を見た那国王は、すぐにその誤解を解こうとしたはずだ。しかし、漢は何よりも面子《メンツ》を重んじる国だ。どれほど訴えようとも、決して誤りを認めようとはしなかったであろう。那国王も、稜威と漢との関係の悪化を恐れ、それ以上に強くは求めなかった。

そうして、我が弟、那国王へ、稜威の統治権を承認した証である金印が、漢皇帝より贈られることとなったのだ……〉

稜威大王は、那国王を見詰めたまま静かに肯いた。

大王の肯首《こうしゅ》に呼応するように、ゆっくりと立ち上がった那国王は、漢より贈られた武器類の中から、一口《ひとくち》の、柄《つか》に絹糸が巻かれた鉄の剣を取り上げて、大王の前に膝をつき恭《うやうや》しくそれを捧げた。

那国王の心情は、稜威大王にはよく分かった。

〈このような印を持ち帰ってしまった私をこのままにしておいては、大王の権威を疑う者が出てくる。それは、延《ひ》いては連合国家稜威の崩壊へと繋《つな》がるだろう。私を大王への反逆者として殺してくれ……〉

那国王は無言のままに、そう伝えているのだ。

周りに侍《はべ》る者たちには、二人の心の内を察することはできない。

金印を手にする稜威大王と剣を捧げる那国王。二人の所作《しょさ》は余りに自然だった。ただ一つ、喜びの席にありながら、二人の眼に哀しみの色がある以外には……。

次の瞬間、稜威大王の声が雷鳴の如《ごと》く響き渡った。

「那国王の謀反《むほん》である！　この者を引っ立てい！」

突然のことに兵たちは動けずにいる。

「何をしておる！」

大王の怒号に我に返った将軍が、那国王の手から剣を奪い、その場に抑え込んだ。

泰然《たいぜん》として捕われた那国王。

連行される弟の背を、兄はただ黙って見詰めていた。その姿が視界から消えても、いつまでも、いつまでも……。


どれほどの時が経ったのだろう。大王の間の燭台《しょくだい》には火が灯《とも》されていた。

稜威大王の視線の先には文机《ふづくえ》に載せられた冊書があって、先刻の出来事が現実であったことを教えていた。

〈漢皇帝より賜った冊書、金印に触れぬはずがない。本当は記されていたのではないのか……〉

大王は、やおら冊書を手に取り繙《ひもと》いて、記された文字を眼で追った。

〈やはりあったのか……〉

「……我れは今、汝を以て漢倭奴國王《かんのわのなのこくおう》と為し、金印紫綬《きんいんしじゅ》を賜うなり……」

〈もしも弟が、この一文を皆の前で読んでいたならば……〉

大王は、そう考えて慄然《りつぜん》とした。

それは、大王への反逆を堂々と宣言することに等しい。

しかもそれが漢皇帝の承認を得たものである以上、如何《いか》な大王でも、これに抗《あらが》うことは難しいだろう。

那国王は、故意にこれを読まなかったのだ。

反逆の意志などあろうはずもない那国王は、咄嗟《とっさ》の機転でその危険を回避していたのだった。

〈何ということだ……。あの時弟は、一縷《いちる》の望みを抱いて私に冊書を差し出していたのか！

兄上どうか読んでくれと懇願《こんがん》していたのか！　何故……、何故その思いに気が付いてやれなかったのだろう……。水手《かこ》（水夫）を含め多くの者が洛陽に渡ったが、漢皇帝に謁見したのは、弟の他には数名の側近のみのはず。私が冊書を直《す》ぐに読んでいれば、弟が漢皇帝より「漢倭奴國王」の称号を贈られた事実は、永遠の秘密にもできたものを……。

剰《あまつさ》え私は、反逆の証明となってしまう金印を差し出させ、弟を追い込んでしまった。

進退窮《しんたいきわ》まった弟は、稜威の「和《わ》」を保つため、自ら反逆者となって死を選ぶしかなかったのだ……〉

重い足取りで庭へ出た稜威大王に、自身の影だけが付き従う。

漢の暦に言うところの、建武中元《けんむちゅうげん》二年。

その秋の夜の天空。稜威大王の眼には、白い月が滲んで見えた。

大御宝《おおみたから》

「那国王《なのくにのきみ》の謀反！」その報《しら》せは、連合国家稜威《いつ》に激震を走らせた。あらゆる噂が飛び交い、諸国王《もろくにのきみ》たちの中には、那国王の失脚をこれ幸《さいわ》いと稜威大王《いつのおおきみ》に取り入ろうとする者もいたが、大王《おおきみ》は、その一切を相手にしなかった。

実のところ、大騒ぎをしていたのは、那国王に次ぐ地位にある他の諸国王たちだけであって、農民や漁民、大王が「大御宝《おおみたから》」と言って大切にしている国家の屋台骨を成す彼らは、右往左往する権力者たちを横目に、大地や海を相手にして額に汗する日々を生きていた。

自然と対話し、その判断を誤れば即、糧《かて》を失い、時には命を失うことさえある。

騒ぎに加わることのない彼らだが、那国王の高潔な人柄はよく知っている。

自然を相手にする生活者の直感は告げる。

「謀反のはずがない！」

釈放

季節は巡り、稜威《いつ》の大地に黄金の海が現れる。荒ぶる風神《かぜのかみ》（台風）も、大きな被害をもたらすことなく去っていってくれた。これも日神《ひのかみ》のおかげだと、稜威の民は豊作を喜び合った。

今年も、日迎えの祭祀は恙《つつが》なく斎行され、初穂を奉ずる稜威大王《いつのおおきみ》の心は日神《ひのかみ》と対話をしていた。

〈日神《ひのかみ》よ！　私は天津日高日子《あまつひたかひこ》、貴方《あなた》の息子。貴方の光を受ける稜威の全ての民も、貴方の子供たち。


貴方は私たちの内にあり、私たちは貴方の内にある。

日神《ひのかみ》よ、貴方のもたらす日々の幸いに感謝致します。

国安《やす》かれ！　民安かれ！


——昨夜、不思議な夢を見ました。

我が弟の身体が光輝いているのです。それは余りに眩《まぶ》しく、目を開けておられないほどでした。

日神《ひのかみ》よ、弟の幽閉を悲しんでおられるのですね。

夢は貴方の啓示《けいじ》だった……。

貴方の御心《みこころ》にかなうよう、今日という喜びの日に、私は弟の幽閉を解きます……〉

その日の午後、那国王《なのくにのきみ》は自由の身となった。

幽閉の間、大王《おおきみ》の命により、住まいは狭くとも清潔に保たれ、食事も質素ではあるが、身体を養うには十分なものが用意されていた。

大王の前に進み出た那国王の肌艶は良い。以前は少し険《けん》のあった眼差しは柔らかいものとなり、賢者の風格を具《そな》えている。

世の喧騒《けんそう》から離れ、沈思黙考《ちんしもっこう》。ただ一羽の烏《からす》を友として過ごした。

その静かな時が、那国王に、世人《せじん》にはない神々《こうごう》しさを纏《まと》わせていた。

「兄上、只今戻りました」

「弟よ、長の旅、大儀であった」

一年前と交わされる言葉は同じでも、二人の胸に去来する思いは、その時とは違っていた。

弟の眼に日神《ひのかみ》の輝きを観た大王は確信した。

千代《ちよ》に八千代《やちよ》に続く、稜威の弥栄《いやさか》を。

剝奪《はくだつ》

那国王《なのくにのきみ》が復権して半年余りが経ったその日、稜威大王《いつのおおきみ》は、那国王を伊都国《いつのくに》に呼んだ。

王宮の最深部、大王《おおきみ》の間《ま》。そこにいるのは兄弟だけだ。

兄に呼ばれることは珍しくはないが、この日はいつもとは様子が違った。人払いをさせるとは只事《ただごと》ではない。兄と対座した弟の心はざわついた。

「弟よ、よく聞いてくれ。気が付いているだろう、お前に向けられる諸国王《もろくにのきみ》たちの悪意の眼を……」

大王への反逆という大罪を犯しながら、僅《わず》か一年で復権した那国王を、他の諸国王たちは面白く思ってはいなかった。それは、弟を元の身分に戻した大王への不信感と重なって、一部には不穏な動きの芽さえ見えていた。大王は続けて言った。

「お前が那国王の位に就いた時に、私が与えた鏡……」

兄は、次の言葉を続けられず言い澱《よど》んだ。

終《しま》いまで聞かずとも、兄の様子からその心の内を察した弟は、絶望に襲われた。

血の気の引くのを感じながら思う。

〈そうか……鏡を……。確かに、それしかないだろう、鏡の剝奪《はくだつ》しか……〉

鏡は、日神《ひのかみ》の御魂を宿す御神体として斎き祀られ、稜威《いつ》においては何よりも尊重されている。

それは、誰もが所有できるものではなく、稜威大王を頂点とした支配者層にのみ持つことを許される。諸国王たちが持つ鏡の全ては稜威大王より下賜《かし》されていた。

沈黙する二人。先に口を開いたのは弟の方だった。

「分かりました。十面の鏡、全てを大王にお返し致します」

弟は兄を「大王」と言った。

弟とは言え臣下《しんか》である。大王の命は絶対であった。兄弟ではあっても君臣の別は守らねばならない。

その不文律《ふぶんりつ》を確認するために声に出して言ったのだ。

〈神器である鏡の剝奪。これほどの恥辱があろうか！〉

那国王の耳には、諸国王たちの高笑いが聞こえるようだった。しかし、そこまでの処罰を受けてはじめて、諸国王たちが納得することも事実。

百戦錬磨《ひゃくせんれんま》の那国王であれば、武力を以て批判者たちを黙らせることもできたであろう。

しかし、那国王の「義《ぎ》」が、それを許さなかった。

〈国を乱してはならない！　全ては稜威のため、民のため……〉

那国王は、「公《おおやけ》」のために「私《わたくし》」を殺した。

「那国王よ、許せ……」

それは、大王が臣下には決して言ってはならない言葉。

そこには、大王ではない、弟を思う一人の兄の姿があった……。


那国王が鏡を剝奪されたことに、那国《なのくに》の民はひどく落胆したが、彼らは努めて明るく振舞った。誰よりも辛《つら》いのは那国王だと知っていたから……。

彼らは言う。

「頭上を見よ！　鏡は無くとも、那国にはいつも日神《ひのかみ》が照り輝いているではないか！」

那国の民は、涙を流して日神《ひのかみ》に手を合わせるのだった。

黄金神《おうごんのかみ》の祭祀《さいし》

那国《なのくに》は広い。耕地は伊都国《いつのくに》のおよそ二倍、戸数二万余を有し、国の北界には那津《なのつ》を持つ。那津は貿易港であり、軍港であるとともに、豊かな漁場でもあった。

那国は、以前は「銅の剣・銅の矛・銅の戈」といった実戦用の武器を生産していたが、銅の武器に代わって鉄の武器が主流となってより、銅の武器は実戦用から非実戦用へ、小形から大形へと、その用途とともに形状を変えていった。

それら巨大化した異形《いぎょう》の武器は今や、荒ぶる風神《かぜのかみ》の御魂を宿す御神体として斎き祀られていた。農民が何よりも畏《おそ》れる風神《かぜのかみ》。農民たちは、その御神体を神器として用いて風神《かぜのかみ》の荒魂《あらたま》を和《やわ》し、五穀豊穣《ごこくほうじょう》を祈る祭祀を斎行するのだった。

現在の那国は、それら武器形神像を生産し、自国に流通させるだけでなく、稜威《いつ》の他の諸国《もろくに》へ、そして、稜威の外の国々へも輸出していた。

那国王《なのくにのきみ》が鏡を剝奪され、一時は存続が危ぶまれた那国における日神《ひのかみ》の祭祀も、那国王に代わり那国王の嫡男《ちゃくなん》が斎行することを許された。稜威大王《いつのおおきみ》によるその処置に不満の声を上げた諸国王《もろくにのきみ》たちも、大王《おおきみ》の、「稜威の尊厳は日神《ひのかみ》の御神徳《ごしんとく》によって保たれているのだ。神聖な祭祀を途絶えさせてはならぬ。日神《ひのかみ》を蔑《ないがし》ろにする稜威に未来はない！」との一声を受けては黙らざるを得なかった。

良き王《きみ》のもと那国は繁栄を極め、それは今や、盟主国である伊都国を凌《しの》ぐほどのものであった。

完璧《かんぺき》とも言える治世を実現させた那国であったが、ここに、限られた者のみが知る秘密があった。

あの日、あの時、人払いをさせた大王の間《ま》で、兄の口から語られた、もう一つのこと……。

「弟よ、お前が漢より持ち帰った黄金の印……、今は志賀島《しかのしま》にあるのだ。

私はお前を幽閉して後、阿曇族《あづみぞく》に命じて極秘のうちに守らせてきたのだ。

「奴」の一文字が刻まれる印を、私が持つことはできない。勿論、お前が持つことも許されない。されど、漢皇帝から贈られた印を滅《めっ》することなどできはしない……。

もはや、現世《うつしよ》の計《はか》らいでは如何《いかん》ともし難《がた》い。

かくなる上は、黄金の印には神となって常世《とこよ》へと御帰りいただくより他に道は無い……」

志賀島は那国の領域にあった。那津の沖に、吹上浜《ふきあげのはま》と呼ばれる細長い地が東から西へと伸びている。その先端にあるのが志賀島だ。

志賀島を拠点に一大勢力を張る、誇り高き海の民、阿曇族。彼らは那国王の腹心であった。

静かに語る大王の眼に、決意の光が灯った。

「全ての存在に神を観る……。それが古来、稜威の国柄なれば、漢皇帝は不本意ながらもこれを認めざるを得まい。

立腹するようでは、漢皇帝の「徳《とく》」が疑われる。

稜威の統治権を承認した証を贈られながらもそれを用いない。それでいて「礼《れい》」を失することはない……。

計らずもこれは、絶大な権力を以て覇《は》を唱えてきた漢皇帝にとっての、最大の皮肉となる……。

弟よ、お前は一年に二度、種蒔《たねま》きの春と収穫の秋、夜半に那河《なのかわ》を船で下り、那津を経て志賀島に至れ。そして、神となった黄金の印の祭祀を行うのだ。

私はこの黄金神《おうごんのかみ》の祭祀を、稜威が将来、自主独立するための布石《ふせき》としたい。

我が身の冊封は受けても、魂の冊封は受けぬ。

よいか！　お前の祈りで、従属の証の印を独立の証となすのだ！」

話を聞く那国王の頬を涙が伝う。

〈報われた！　思いもよらぬ漢の誤解に反逆者となるも、大王の「大御心《おおみこころ》」に、闇は今、光へと転じ、私の魂は真に獄《ごく》より解き放たれた。

私の一心《いっしん》が、稜威の未来を創るのだ！

人目を忍ぶ夜半の祭祀であろうがかまうものか。王族として生を受け、栄誉これに優《まさ》るものはなし……〉

少しの間を置いて、大王は絞り出すように言った。

「この祭祀を以て、私への反逆の贖罪《しょくざい》とせよ……」

弟には分かっていた。

この一言を言わねばならない兄の立場を、その苦しみを、そして優しさを……。

「兄上、ありがとう……」

弟が放った心よりの言葉。処罰を受ける者の返答としては、およそ似つかわしくないその言葉に、兄は救われた。

別れ

那国王《なのくにのきみ》が、稜威大王《いつのおおきみ》より黄金神《おうごんのかみ》の祭祀を命ぜられたあの日から二十余年。

その日、盟主国、伊都国《いつのくに》をはじめとする稜威《いつ》の全ての諸国《もろくに》では、日神《ひのかみ》に初穂を奉ずる日迎えの祭祀が斎行されていた。

どの国でも、例年と同様に執り行われる日迎えの祭祀であったが、今年の那国《なのくに》における祭祀には大きな変化があった。那国王に、嫡男の斎行する祭祀への参加がはじめて認められたのだ。

勿論、那国王自身が祭祀を斎行できるわけではない。ただ、祭祀の様子を見守るだけであったが、那国王の心は躍った。

祭祀の場には、伊都国の東方の山より根の付いたまま運んできた、大人の背丈の倍ほどの賢木《さかき》が立ち、その枝には、稜威大王より那国王の嫡男へと下賜された二面の鏡が垂下されている。

早朝の清浄な空気の中、流れるように祭祀は進む。

那国王の伝えた祭祀の手ぶりを、息子は確かに受け取っていた。

「なんと神々しいことか……。御子息は必ず、那国を背負って立つ偉大な王《きみ》となられることでしょう。民もきっと、それを望んでいます」

同席していた稜威大王の直臣は、感嘆の声をもらす。

抜けるような秋空の下。那国王の胸に、万感《ばんかん》の思いが込み上げた……。

館《やかた》に戻った那国王は、祭祀の様子、そして直臣の言葉を妃に話して聞かせた。

大きな瞳を潤ませて、妃は何度も肯く。

「次代の那国王を産み育てなくてはならない！」

その重圧は大変なものであった。

男子を授かって十余年、子は父に似て逞《たくま》しい若者に成長していた。

そこに降って湧いた、あの事件……。

「反逆者を父に持つ者に、王《きみ》になる資格などない！」

ぶつけられる心ない言葉に、打ちのめされた日々……。

「妃よ、お前の慈愛《じあい》が息子の徳を育《はぐく》んだのだ。礼を言う……」

夫からかけられたその言葉に、妻は声を上げて泣いた。

妻として、そして母として……、この日、妃の辛苦《しんく》は報われた。

「さあ、もう泣くのはおよし」

そう言って微笑《ほほえ》む夫。

「久方ぶりの祭祀の場で、気が張ったのだろう。少し疲れた、しばらく横になりたい」

妻は、夫の息が荒くなっているのに気が付いた。

不安げな妻に、夫は力強い声で言う。

「大丈夫。いつものことだ、心配はいらない。少し休んだら昼食《ひるげ》にしよう。何か美味いものを用意しておいてくれ」


しかし、夫は起きてはこなかった。

妻は、日が高くなっても起きてはこない夫を案じて声をかけたが返事はなく、触れたその手は既に冷たくなっていた……。

長年、心《しん》の臓《ぞう》を患っていた夫。

このような日が、いつかは来るものと思ってはいたが、それが今日であったとは……。

眠ったままに逝《い》ったであろうその顔は、笑みを湛《たた》えて晴れやかにさえ見えた。

報《しら》せ

夕刻、那国王《なのくにのきみ》の死の報せを受けた稜威大王《いつのおおきみ》は、一言、「そうか……」と言ったきり使者に背を向けた。

膝をつき目を伏せたまま、使者は大王《おおきみ》からの次の言葉を待つが、声は無い。

長い沈黙の後、大王が問う。

「那国《なのくに》の、今年の実りはどうだ？」

「え？」

「那国は豊作かと聞いておる」

「は、はい。米の出来は良く、民も喜んでおります」

「そうか、それは良かった。本当に良かった……。それでは弟は、喜びの中で逝ったのだな……」

その言葉に思わず顔を上げた使者は、背を向けたままの大王の肩が微かに震えているのに気が付いた。

「ふぅ――」

深く息をつき、大王は静かに語り始めた。

「なんと奇《く》しきことよ……。弟よ、お前が漢より戻った日も、そして神上《かむあ》がった今日という日もまた、日神《ひのかみ》に初穂を奉ずるこの日であった。思えば、日神《ひのかみ》の御心により、お前の幽閉を解いたのもこの日……。

お前は、日神《ひのかみ》と深い縁《えにし》で結ばれていたのだな。愛されていたのだな……」

薄暗くなった大王の間《ま》、後にはただ、使者の嗚咽《おえつ》だけが響いていた。

弔《とむら》い

ひと月の殯《もがり》の期間を置いて、那国王《なのくにのきみ》の弔《とむら》いの儀《ぎ》は、那国《なのくに》の平野部、最も奥まったところにある小山ほどの高さを持つ広大な台地で執り行われた。この台地では、かつて那国王がその位に就くための儀が執り行われており、那国王の館もここにあった。言わばここは、那国の聖地であった。弔う人々の数は数万にのぼり、人の波が台地を埋めた。

海の民、山の民、そして、かつての政敵であった諸国王《もろくにのきみ》たちも那国王を偲《しの》んで泣いた。

内を朱《あか》と黒で塗られた甕棺《かめかん》の中、統《す》べられた数百の瑠璃の管玉《くだたま》は那国王を彩り、その中央には緑色をした三個の瑠璃の勾玉《まがたま》が光る。髪に挿《さ》した二本の木製の簪《かんざし》には、やはりこれも瑠璃の飾りがあしらわれ、腕には、南海で採れた貝で作られた腕輪が数十個も連なり白く輝いている。

稜威大王《いつのおおきみ》は鏡を、かつて剝奪した十面の鏡を、那国王の眠る棺に入れてやりたかった。しかし、それはならぬこと。

死してなお、鏡を持つことを許されない弟……。

儀を司る大王《おおきみ》は、その手ずから、那国王の愛用した、朱塗《しゅぬ》りの柄《え》を持つ鉄の戈を棺の上に置いた。那国王と共にあって幾多の戦を制してきたその刃《やいば》、今よりは、黄泉《こうせん》の客《きゃく》となった主《あるじ》の御霊《みたま》を護《まも》るのだ。

人々の視線がその一挙一動《いっきょいちどう》に注がれる中、大王は、腰に佩《お》びた鉄の剣の鞘《さや》をゆっくりと払って膝をつき、煌めく刀身を棺の側《そば》に深々と突き立てた。

剣は、あの日、那国王が、自分を殺せと大王に差し出したものだ。

〈弟よ、今こそお前にこの剣を渡そう。お前を反逆者にしたこの兄を刺せ！　起き上がって刺してくれ！〉

大王の、声無き声。

見上げる雲に、那国王の姿が見えた。大王は眼を凝《こ》らすが、それは見る間に形を変え、夕映えに融《と》けていった。

鴉《からす》

稜威《いつ》が、大いなる悲しみに包まれたその夜半、那河を北へと下る一隻《せき》の壮麗《そうれい》な船。そこには稜威大王《いつのおおきみ》の姿があった。

那津に出た船は志賀島を目指す。その途中より、阿曇族の長《おさ》の乗る小船に導かれ、船は島の南端付近に碇《いかり》を下した。

前方の低地、波の寄せる磯の側《そば》には数本の松明《たいまつ》が灯る。

大王《おおきみ》は、辺りを見回し長に問う。

「黄金の印は、何処《どこ》にあるのだ?」

「松明の灯るところ、二人で持ち上げられるほどの石の下に埋めてあるのです」

「なんと……、なんと粗末な……」

大王は声を詰まらせた。

「那国王《なのくにのきみ》御自身の御要望でした……。贖罪の祭祀ゆえとおっしゃって……」

伏し目がちに長は言った。

那国王を深く敬慕《けいぼ》してきた阿曇族。彼らの乗る小船が一艘《そう》、また一艘と、凪《な》いだ洋上に姿を現す。集う小船は次第にその数を増してゆき、大王の乗る船を中心に扇状に広がっていった。百を超す小船に守られて、船上よりの黄金神《おうごんのかみ》の祭祀は、月下に静かに斎行された。

稜威大王が志賀島での祭祀を行うのは、これが最初で最後……。

「嗚呼《ああ》弟よ。お前は何を思い、ここで黄金神《おうごんのかみ》を斎き祀ったのか。

寂しくはなかったか、切なくはなかったか。

幼子《おさなご》の手に収まるほどに小さな金印は、稜威を揺るがし、私たち兄弟の運命を狂わせた……。

阿曇の者たちよ! この祭祀を、お前たちの子々孫々に至るまで伝えておくれ。

たとえ、この悲劇の金印の物語が、人々から忘れ去られる時が来ようとも……。

いつか、いつの日か、我が国は大国の庇護下《ひごか》を脱するであろう。その時には弟よ、再びお前と兄弟に生まれたい……」

大王の頭上を、ゆっくりと旋回する一羽の烏。長年、那国王を慰めてきたその老烏は、月の光に照らされた漆黒の羽を翻《ひるがえ》し、東の空へと飛び去って行った。

那国王の死より、およそ百年の後に、王族の中から一人の英雄が現れる。その人は大軍を率いて、大八洲《おおやしま》の西の地、伊都国《いつのくに》を出立し、東の地を目指した。その軍勢は、常に一羽の烏と共にあった。

日の光の中、大空を舞い黄金色に輝いて見えるその姿は、人々に、日神《ひのかみ》に居すという伝説の烏、金《きん》鴉《あ》を思わせた。

金鴉……、そのまたの名を八咫烏《やたのからす》と言う。

■地図「「鴉」の舞台（古代）」（本書P14）の解説

「引津《ひきつ》(ロ)」の表記は、考古学者・原田大六《はらだだいろく》氏の学説に基づくものです。「（前略）日本の文献にこそ伝わらないが、一大率は伊都国の中心部に居て、北部九州の沿岸防備にあたっていた。伊都一大率の海軍根拠地が、『万葉集』に出てくる「引津《ひきつ》」と考えられる。（後略）」（原田大六著『新稿　磐井《いわい》の叛乱《はんらん》』三一書房、一九七三年、P１９５）。「引津」を古代の軍港と考えていた原田氏は、大量の軍船を停泊することのできた巨大な港である「引津」は、当該位置以外にはないと推定しました。現在では(イ)の位置が「引津湾」と呼ばれ、(ロ)の位置は「船越《ふなこし》湾」と呼ばれています。

なお、古代の海岸線を描くにあたり、『九州大学理学部研究報告（地質学）第14巻　第4号』（九州大学理学部、一九八六年）に掲載の論文「糸島低地帯の完新統および貝化石集団」、及び原田大六著『悲劇の金印』（学生社、一九九二年）に掲載の地図「縄文時代の海岸線（地下貝層分布域より見た糸島郡および博多湾の海岸線）」の他、「博多往古図《はかたおうこず》」などの古絵図を参考にしました。

金印譚

きんいんたん

「金印譚《きんいんたん》」の舞台（現代）

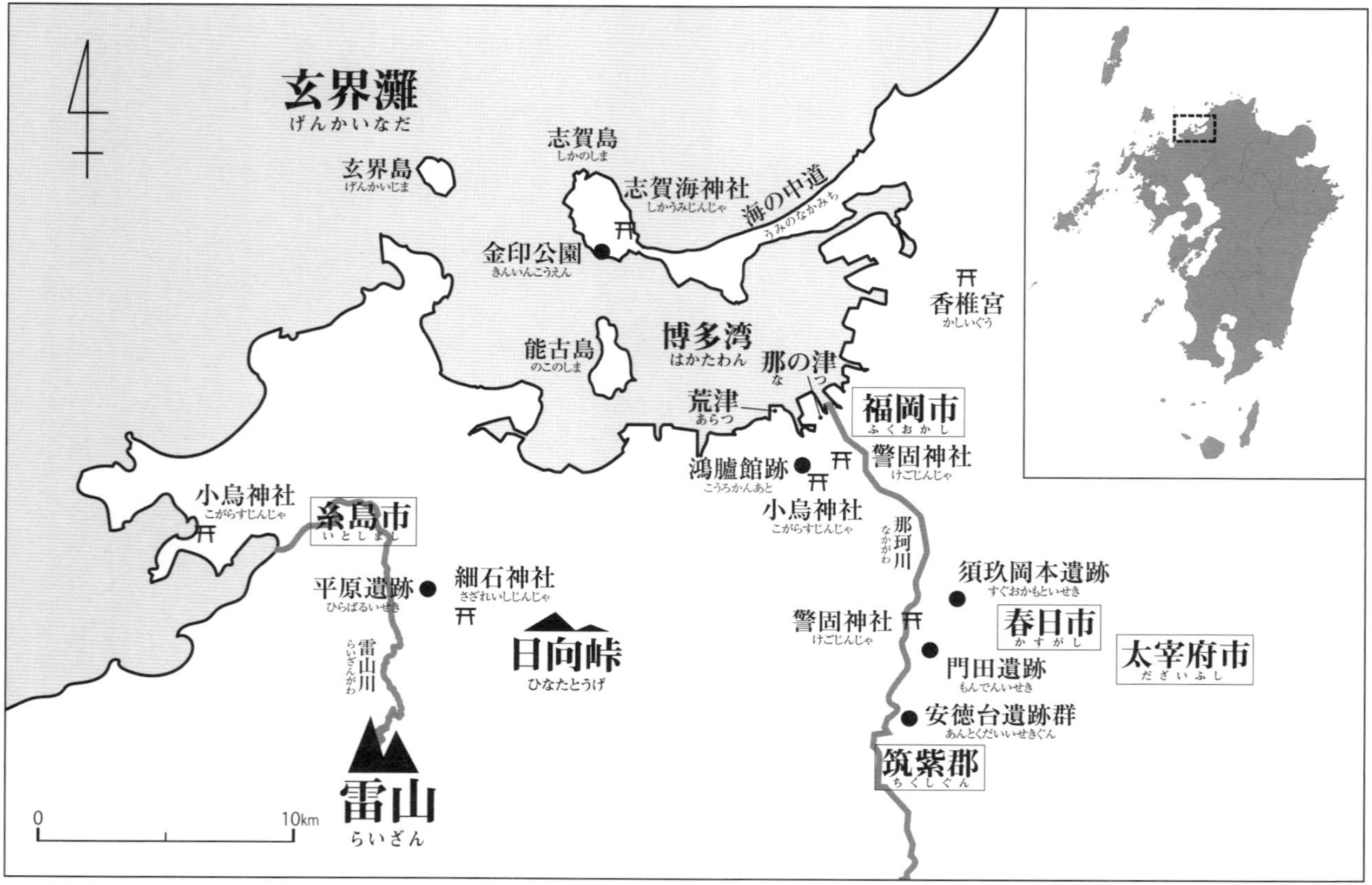

第一章　中山平次郎と原田大六

大正時代の末、医学博士・中山平次郎《なかやまへいじろう》氏（一八七一〜一九五六）は、当時の考古学界では異端視される、大胆な学説を唱えました。

「「鏡《かがみ》・剣《つるぎ》（武器）・玉《たま》」の三器を尊重する文化が金石併用《きんせきへいよう》時代（弥生《やよい》時代）の北部九州に起こり、その後、文化の中心は西から東へと移動して、それは次の古墳《こふん》時代の近畿の古墳文化へと発展した。別言すれば、この文化中心の移動こそが、日本神話に語られる「神武《じんむ》天皇の東征《とうせい》(1)」だったのであろう」

中山氏は、古墳時代の近畿の前期古墳に副葬される「鏡・剣・玉」の三器が、弥生時代の北部九州の弥生墳墓《ふんぼ》にも副葬されていることに着目し、「鏡・剣・玉」の三器を尊重する文化は、弥生時代の北部九州から古墳時代の近畿へと連続していると考えました。更に、「鏡・剣・玉」の三器を尊重する文化が弥生時代の近畿には存在せず、その時代の北部九州にのみ存在するという事実から、「鏡・剣・玉」の三器を尊重する文化を持つ北部九州の豪族が大挙して西から東へと移動し、近畿に大和朝廷《やまとちょうてい》を樹立したと推定されました。

考察を重ねる中山氏は、考古学上から日本神話の実在を論証します。この、征服戦を伴った文化中心の移動を、日本神話に語られる「神武天皇の東征」に結び付けて考えようとされたのです。


昭和二十二年（一九四七）の春、「中山学説」に心酔していた一人の青年が中山氏のもとを訪れます。後の、考古学者・原田大六《はらだだいろく》氏（一九一七～一九八五）です。

中山氏に師事して三年後、原田氏は、「日本国家の起原―古墳文化形成過程の研究―」と題した論文を脱稿します。当時の考古学界を震撼《しんかん》させ「原田旋風《せんぷう》」と呼ばれたその論文は、後に更なる発展を遂げる「原田学説」の根幹を成すものでした。

四百字詰原稿用紙に約一千枚の論文を読み終えた中山氏は、弟子の著《いちじる》しい成長をことのほか喜ばれ、原田氏におっしゃいました。

「君も、とうとう専門家になったよ」

中山氏の弟子となってより九か年、一対一の講義の間、原田氏はただの一度も膝を崩すことはありませんでした。

昭和三十一年（一九五六）四月二十九日に、中山氏は他界されました。

師弟二代続きでも、必ずや中山学説を証明してみせると誓う原田氏の最大の課題は、「近畿の前期古墳への連続性を持つ、古墳時代直前の弥生時代後期後半の墳墓」を北部九州に発見することでした。

原田氏は長年の研究により、それはもはや佐賀県唐津《からつ》市付近でも福岡県福岡市付近でもなく、「伊都国《いとこく》

（現在の福岡県糸島《いとしま》市一帯を版図《はんと》とした古代の国）」中央部の三雲《みくも》付近に必ずや存在するに違いないと信じて疑いませんでした。

昭和四十年（一九六五）二月一日、原田氏は運命の遺跡と出会います。それが、平成十八年（二〇〇六）に「福岡県平原方形周溝墓《ひらばるほうけいしゅうこうぼ》出土品」の名称で、出土品が一括して国宝の指定を受けた「平原弥生古墳（平原一号墓）」（福岡県糸島市有田《ありた》一番地他）です。

墳墓の盛土は長い年月により失われてはいましたが、その存在は推測できました。墳墓の内部構造は痕跡を留《とど》めるのみでしたが、その形状は割竹形木棺《わりたけがたもっかん》でした。そして、副葬品は紛れもなく「鏡・剣・玉」の三器でした。

「鏡（銅鏡）」は国内最多の三十九面を数え（原田大六著『平原弥生古墳　大日孁貴《おおひるめのむち》の墓』（葦書房、一九九一年）の記述に基づく）、中でも、日本製の同型鏡である※四面の内行花文八葉鏡《ないこうかもんはちようきょう》（巻頭口絵(3)参照）は他に類を見ない巨大なものでした。

「剣（刀）」は鉄製素環頭太刀《てつせいそかんとうたち》一口《ひとくち》。

「玉」は空色をしたガラス製丁字頭勾玉《ちょうじがしらまがたま》三個をはじめ、管玉《くだたま》、連玉《れんだま》、丸玉《まるだま》、小玉《こだま》などが多数副葬されていました。

墳墓の盛土、割竹形木棺、副葬品、そのどれもが、近畿の前期古墳の特徴と重なるものでした。

※　原田氏が生前、計四面とした内行花文八葉鏡は、原田氏の没後に前原市教育委員会の依頼で行われた鉛同位

体比の分析結果、及び状態の観察により現在は五面と判断されている（『平原遺跡〔前原市文化財調査報告書第70集〕』〔前原市教育委員会、二〇〇〇年〕の記述に基づく）が、その分析の以前に平原弥生古墳調査報告書編集委員会の依頼で行われた鉛同位体比の分析結果では四面と判断されていた。なお、この二度にわたる分析は共に東京国立文化財研究所が行った。内行花文八葉鏡は、果たして何面だったのであろうか。専門の研究者による非常に緻密な分析であり、筆者はそれを論じる立場にはないが、本書では、原田氏の古代史研究の集大成である『平原弥生古墳　大日孁貴の墓』の記述に基づいて四面と記す。

「「平原弥生古墳《ひらばるやよいこふん》」と、この墳墓に名称と時代を与えたのは、墳墓の形態がけっして古墳時代のものではなく、それ以前の構造を呈しているということと、出土したおびただしい鏡のうち、舶載鏡〔はくさい〕〔外国よりもたらされた鏡〕三十七面すべてが、漢中期から後漢の前半を下らないものばかりであるという事実によっている。後漢の後半では、夔鳳《きほう》鏡・獣首鏡・獣帯鏡・画像鏡・神獣鏡などがあらわれるが、それらは一切含まれていない。するとこの墳墓は※二世紀前半を下るものではないという結論に達しうる。（後略）」（原田大六著『実在《じつざい》した神話《しんわ》』学生社、一九六六年、P108〜109／〔〕は引用者記）

※　原田氏は、出土した鏡の調査結果から、平原弥生古墳の築造年代を紀元一五〇年前後であるものと考えていた（『平原弥生古墳　大日孁貴の墓』の記述に基づく）。

これこそが、原田氏の探し求めていた「近畿の前期古墳への連続性を持つ、古墳時代直前の弥生時代後期後半の墳墓」だったのです。平原弥生古墳の発見により、弥生時代の北部九州に始まる「鏡・

剣・玉」の三器を尊重する文化の連続の上に、次の古墳時代の「鏡・剣・玉」の三器を尊重する近畿の古墳文化が現れたことが明白となりました。それは、「神武天皇の東征」が実在したことを物語っていたのです。

中山氏の門下となってより十八年、異端視されてきた師の無念は、「ケンカ大六」と呼ばれた弟子によって晴らされました。

中山学説は、ここに証明されたのです。

原田氏は平原弥生古墳についての考古学的な考察を重ねるうちに、この弥生時代後期後半の墳墓が、日本神話との更なる符合を持つことに気が付きます。

「八咫鏡《やたのかがみ》」をご存じでしょうか。

天照大御神《あまてらすおおみかみ》より御孫である邇邇芸命《ににぎのみこと》に授けられ、その三代後には「初代　神武天皇」が受け継ぎ、後の世に伊勢神宮《いせじんぐう》（三重県伊勢市）に御祀《おまつ》りされ、今に伝えられている八咫鏡。

八咫鏡は、天照大御神《あまてらすおおみかみ》の御魂《みたま》を宿すとして、「三種《さんしゅ》の神器《じんぎ》」[2]の中でも別格に扱われてきました。

後漢《ごかん》の学者・許慎《きょしん》の著《あらわ》した漢字の字書である『説文解字《せつもんかいじ》』に、次の一文があります。

「咫《し》　中婦人手長八寸謂之咫周尺也（中婦人の手、長さ八寸、之《これ》を咫と謂《い》う、周尺也《しゅうじゃくなり》）」（『説文解字』より「咫」の項）

「咫」という文字は漢音では「し」と読み、それは、約二千年前の後漢の時代に用いられた円周を測る尺度のことであった。当時の八寸（約一八・四センチメートル）を以《もっ》て「一咫」としたのである。日本神話が「やたのかがみ」という言葉を漢字を用いて表す際に、尺度である「咫」という文字を選んで八咫鏡と表記したことには深い意味があった。八咫鏡とは、円周が八咫（約一四七・二センチメートル）の大鏡を意味しているのだ」

『説文解字』の記述を論拠に、かねてからこのように考えていた原田氏は、平原弥生古墳に副葬されていた四面の内行花文八葉鏡の大きさを測定して思わず声を上げました。

「万歳！　万歳！　これは八咫鏡だ！」

鏡の直径は約四六・五センチメートル、円周は約一四六センチメートル。

それは正《まさ》しく「円周が八咫の大鏡」だったのです。

更に原田氏は、鎌倉時代に伊勢神宮の祀官により著された『伊勢二所皇太神御鎮座伝記《いせにしょこうたいしんごちんざでんき》』の八咫鏡の解説文中に「八頭花崎八葉形」とあるのを、内行花文八葉鏡の背面の文様と同一と見て、「平原弥生古墳に副葬されていた四面の内行花文八葉鏡」と「古代より伊勢神宮に御祀りされてきた八咫鏡」とを同型鏡と推定されました。

原田氏は、平原弥生古墳の被葬者が生前に所有した五面の同型鏡の内の一面が、伊勢神宮に伝えられたと考えたのです。

「一名日像八咫鏡是也
八咫古語八頭也　八頭花崎八葉形也
故名八咫也　中台円鏡形座也
円外日天八座」（『伊勢二所皇太神御鎮座伝記』より八咫鏡の解説）

ここに再び、日本神話と考古学上の物証は重なりました。

原田氏は確信します。

「八咫鏡を所有した平原弥生古墳の被葬者は、人々から神聖視された女王※であった。実在したその女王こそ、日本神話に語られる太陽神、皇祖《こうそ》天照大御神《あまてらすおおみかみ》である！」

※　平原弥生古墳には人骨は遺《のこ》ってはいなかったが、原田氏の没後、副葬品の中に「ガラス製耳璫《じとう》（ピアス）」の存在が確認され、これが、大陸では高貴な女性の装身具であったことから、墳墓の被葬者が女性であるとした原田氏の説は証明された。
なお、原田氏の、墳墓の被葬者を天照大御神《あまてらすおおみかみ》に比定される女王であるとする説の論拠は、本書に挙げたものの他にも多数あり、その研究内容は、『平原弥生古墳　大日孁貴の墓』に詳しく記される。

原田氏は、平原弥生古墳が発見される以前より、『古事記《こじき》』及び『日本書紀《にほんしょき》』に語られる「神代史《じんだいし》」の中の「高天原《たかまがはら》神話・日向《ひむか》神話」の主要な舞台を、弥生時代の「伊都国」から「奴国《なこく》（現在の福岡県の博多湾沿岸一帯を版図とした古代の国)」にかけての地域と考えていました。そして、「神代史」の次に展開する「神武天皇の東征」については、師である中山氏より実在説を受け継ぎ、それを更に発展させ、「神武天皇の東征は二世紀後半（弥生時代）の歴史事実であり、その出立地は伊都国である」との見解に至っていました。

弥生時代の伊都国の実像を物語っていた平原弥生古墳の発見は、中山学説のみならず、中山学説に心酔した原田氏自身の学説をも証明します。

四面の内行花文八葉鏡をはじめとする平原弥生古墳の膨大な量の出土品は、「神代史」と「神武天皇の東征」が、弥生時代の伊都国を起点として語られていたことを裏付けていたのです。

「糸島にのこっている口碑を耳にしたのは、わたしが十四歳のころであった。少年のわたしが、小学校でも、中学でも教わり、暗記してきた日本神話は、宮崎県でのできごとであった。それなのに、いつもこの自分の目で見、自分の足で踏みつけている故郷の糸島に、宮崎県と同じような話があり、それらの古代の神々が、さも実在した人物のように語られているのを不思議に思った。いったいこれはどうしたことなのであろうかと。

もし、わたしが、成人して、この糸島の口碑を聞いたのならば、それは、そくざに『古事記』や『日本書紀』の神話を、後世神社建立にかこつけて、この土地であった物語のように、つくり、こじつけたのであって、実在した歴史ではないと、あっさり、つっぱねてしまっていたであろう。しかし、わたしは少年であって、そのような知恵も知識もなかった。逆に、これらの口碑を信じようとしてい

た。それを歴史事実として考えようとした。（後略）」（『実在した神話』Ｐ20〜21）

少年期の疑問は後に、恩師、中山氏との出会いをもたらし、平原弥生古墳の発見で結実しました。

原田氏は、その後も日本古代史、そして日本神話の研究を続けてゆかれます。

それは考古学、文献史学はもとより、論理学、宗教学、万葉学、天文学、気象学、生物学等々、古今のあらゆる学問を駆使《くし》した広大《こうだい》で深遠《しんえん》なものでした。昭和五十年代に著した、原田氏の日本神話研究の集大成とも言える、『雷雲《らいうん》の神話』（三一書房、一九七八年）と『銅鐸《どうたく》への挑戦　全五巻』（六興出版、一九八〇年）では、『記《き》・紀《き》』に連記されている夥《おびただ》しい神名の解読に心血を注ぎ、日本神話を実在のものとして生き生きと甦らせました。

天体、自然現象、人、動物、物……。

実体を持つそれらは、神として『記・紀』にその名を留めていたのです。

「日本神話は虚構ではなかった。史実以上の真実を伝承していたのである。」（原田大六著『銅鐸への挑戦1―太陽か台風か―』六興出版、一九八〇年、Ｐ６）

原田氏の遺《のこ》されたこの言葉を念頭に置き、私の歴史への考察は始まりました。

【注】

（1）神武天皇《じんむ》の東征《とうせい》……大八洲《おおやしま》（日本）の西の地、日向《ひむか》の高千穂宮《たかちほのみや》で政事《まつりごと》を行っておられた神日本磐余彦尊《かむやまといわれひこのみこと》は、東の良き地を目指すことを決意し、大軍を率いて日向を出立されます。服《まつろ》わぬ者たちの抵抗に苦戦しながらも軍勢は進みます。荒ぶる神の多い熊野《くまの》の山中では、高天原《たかまがはら》におられる高木大神《たかぎのおおかみ》（高御産巣日神《たかみむすびのかみ》）により遣《つか》わされた八咫烏《やたのからす》が導いて、神日本磐余彦尊《かむやまといわれひこのみこと》は無事に大和《やまと》へと入られました。それからも幾度もの戦いがありましたが、艱難辛苦《かんなんしんく》の末、神日本磐余彦尊《かむやまといわれひこのみこと》は、ついにその地を平定されます。

その後、神日本磐余彦尊《かむやまといわれひこのみこと》は畝傍《うねび》の橿原宮《かしはらのみや》で即位されて「初代　神武天皇」となり、天下を治められました。

日本神話の語るこのお話を「神武天皇の東征」と言います。

（2）三種《さんしゅ》の神器《じんぎ》……古来、歴代の天皇に皇位の証として受け継がれてきた「八咫鏡《やたのかがみ》・天叢雲剣《あめのむらくものつるぎ》（草薙剣《くさなぎのつるぎ》）・八坂瓊曲玉《やさかにのまがたま》」の三器を総称して「三種の神器」と言います。

第二章　小烏《こがらす》神社から安徳台《あんとくだい》へ

八咫烏《やたのからす》

福岡県福岡市中央区警固《けご》三丁目、かつて古小烏《ふるこがらす》と呼ばれたその地区に「小烏《こがらす》神社」は鎮座《ちんざ》します。御祭神《ごさいじん》は「建角身神《たけつぬみのかみ》」。古代、山城国《やましろのくに》（現在の京都府南部地域）一円に勢力を張った賀茂《かも》（鴨《かも》）氏《うじ》の祖神とされる「賀茂建角身命《かもたけつぬみのみこと》」は、この「建角身神《たけつぬみのかみ》」と御同神《ごどうじん》です。

日本神話に語られる「神武天皇の東征」の際に、熊野《くまの》（現在の和歌山県南部と三重県南部からなる地域）から大和《やまと》（現在の奈良県）へと天皇を導いた「八咫烏《やたのからす》」は、この「建角身神《たけつぬみのかみ》・賀茂建角身命《かもたけつぬみのみこと》」の化身《けしん》とされます。

「八咫烏《やたのからす》」を御祀りする神社は、「賀茂別雷《かもわけいかづち》神社境外社の久我《くが》神社（京都府京都市）・賀茂御祖《かもみおや》神社（京都府京都市）・八咫烏《やたがらす》神社（奈良県宇陀市）・熊野那智《くまのなち》大社境内社の御縣彦《みあがたひこ》社（和歌山県東牟婁《ひがしむろ》郡）・都美恵《つみえ》神社（三重県伊賀市）」など、近畿を中心に数多く存在します。これは、日本神話において「八咫烏《やたのからす》」の活躍する舞台が近畿であることからすれば当然のことです。

ところが、小烏神社は近畿からは遠く離れた西の地に鎮座するのです。これには、どのような理由があるのでしょうか。

「小烏神社の御祭神は近畿から勧請《かんじょう》（神の分霊を他の地から招き祀ること）されたものなのだろうか？御創建はかなり古いと伝え聞いているが明確には分からない。我々の御先祖様が大切に守ってこられた神社だ、御由緒《ごゆいしょ》を謎のままにしてはおけない」

そのような思いが氏子の皆さんの胸にはありました。私自身、小烏神社を鎮守《ちんじゅ》の社《やしろ》とする地域の者です。私は、日頃よりお護《まも》りくださっている、小烏神社の御祭神「建角身神《たけつぬみのかみ》」の実像を明らかにすべく、その神名《しんめい》の解読を試みました。

「建角身神《たけつぬみのかみ》」

神名の中にある「たけ」の語には、「武勇の優れた（勇ましい）」との意味があり（『銅鐸への挑戦5―倭国の大乱―』の記述に基づく）、日本神話ではこれに、「建」の他、「武」の文字を充《あ》てています。

「武勇に優れた、角持つ身（身体）の神」

「建角身神《たけつぬみのかみ》」の神名をそのまま読めば、このような意味になりますが、果たしてこれで良いのでしょうか。武神であるがゆえに、武器の比喩《ひゆ》として「角」の文字が入るとも言えそうですが、大空を舞う八咫烏《やたのからす》の持つ武器は「觜《くちばし》・鉤爪《かぎづめ》」であって、「角」ではありません。

弘仁《こうにん》六年（八一五）に、嵯峨《さが》天皇の命《めい》により編纂《へんさん》された『新撰姓氏録《しんせんしょうじろく》』（古代氏族の名鑑）の中の「山城国神別」の項に、次のような記述があります。

「賀茂縣主《かものあがたぬし》　神魂命孫《かみむすびのみことのひこ》　武津之身命之後也《たけつのみのみことのすえなり》」

ここに出てくる「武津之身命《たけつのみのみこと》」は、前記の「建角身神《たけつぬみのかみ》・賀茂建角身命《かもたけつぬみのみこと》」と御同神です。現在「建角《たけつぬ》身神《みのかみ》・賀茂建角身命《かもたけつぬみのみこと》」は、その神名の中にある「角」の文字を「つぬ」と読んで、「たけつぬみのかみ・かもたけつぬみのみこと」と呼ばれることが通例となっています。

しかし、御同神である「武津之身命《たけつのみのみこと》」は、その神名の中にある「之《の》」の文字から明らかなように、「たけつのみのみこと」と呼ばれていて「たけつぬみのみこと」とは呼ばれないのです。私はこの事実を踏まえ、「建角身神《たけつぬみのかみ》・賀茂建角身命《かもたけつぬみのみこと》」と「武津之身命《たけつのみのみこと》」の神名を比較し分析したところ、一方の神名の中にある「角（つぬ）」は、他方の「津之（つの）」に同じであり、「角」の文字の中には助詞の「の」が含まれていたことに気が付きました。

「角」は、「つの」とも「つぬ」とも読むことができます。

私は『新撰姓氏録』の記述を論拠として、「建角身神《たけつぬみのかみ》・賀茂建角身命《かもたけつぬみのみこと》」は、本来は「たけつのみのかみ・かもたけつのみのみこと」と呼ばれていたものが、神名の中にある「つの」の語に「角」の文字を充てたために、「たけつぬ」という読み方が生じたものと推定します。

八咫烏《やたのからす》の武器である「觜」という文字には「角」の文字が含まれることから、「つの」の語には「角」の文字を充てるのが適当とされたのではないでしょうか。

この自身の見解に従って私は、これより先は、神名の中にある「角」の文字を、「つぬ」ではなく全て「つの」と読んで考察を続けます。

「賀茂建角身命《かもたけつのみのみこと》」は「鴨建津身命《かもたけつのみのみこと》」と表記されることがあります（『新撰姓氏録』の記述に基づく）。なお、「賀茂・鴨」の文字は、賀茂（鴨）氏の祖神としての性格から、神名の頭に冠せられていると考えられます。

先述したように、「賀茂建角身命《かもたけつのみのみこと》」は「建角身神《たけつのみのかみ》」と御同神ですから、「建角身神《たけつのみのかみ》」と「鴨建津身命《かもたけつのみのみこと》」もまた御同神です。なお、神名の最後に付けられる「神《かみ》」と「命《みこと》」の文字は同義です。

御同神であれば、神名の中にある同じ読み方をする文字を、他方のものに置き替えても不自然なことではありません。

それでは、「建角身神《たけつのみのかみ》」の「角身《つのみ》」を、「鴨建津身命《かもたけつのみのみこと》」の「津身《つのみ》」に置き替えてみましょう。

「建津身神《たけつのみのかみ》」

さて、この神名の中にある「建津《たけつ》」とは何のことなのでしょうか。更に、考察を進めてみましょう。

「建津」の「津」には「港」の意味があります。

福岡県の「博多湾《はかたわん》」は、古くは「那津《なのつ》・娜大津《なのおおつ》」（以後は那津のみ記す）と呼ばれ、その一部の海域を「荒津《あらつ》」と言いました。現在でも、博多湾沿岸の福岡県福岡市中央区には「那《な》の津《つ》・荒津《あらつ》」の名称が地名として遺っています。

「那津」は、『日本書紀』の「宣化《せんか》天皇元年（五三六）夏五月の条」にその記述が見られ、そこは貿易港であるとともに軍港でもありました。

他方、「荒津」の名は、古代の歌集『万葉集《まんようしゅう》』に詠《よ》まれています。

神《かむ》さぶる　荒津の崎に寄する波　間《ま》なくや妹《いも》に　恋《こ》ひ渡りなむ

この歌は、天平《てんぴょう》八年（七三六）に「鴻臚館《こうろかん》」の前身である「筑紫館《つくしのむろつみ》」で、遣新羅使《けんしらぎし》の土師稲足《はじのいなたり》により詠まれました。

「筑紫館」は、古代の那津（博多湾）沿岸に存在した迎賓館《げいひんかん》として知られますが、その眼前の海域が「荒津」でした。

遣唐使《けんとうし》や遣新羅使も、この「荒津」から船出しています。

「荒津」は「那津」の中でも、特に重要な場所だったのです。


「国史跡　鴻臚館跡」（福岡県福岡市中央区城内）、ここには、七世紀後半から十一世紀前半（飛鳥時代・奈良時代・平安時代）にかけての約四百年間に、外国の外交使節や商人をもてなす、対外交渉のための巨大な施設がありました。

施設の名称は、飛鳥時代・奈良時代には、その時々に応じて「筑紫大郡《つくしのおおごおり》・筑紫小郡《つくしのおごおり》・筑紫館」と様々な名称で呼ばれていましたが、平安時代になって、唐の外交施設である「鴻臚寺《こうろじ》」にならって「鴻臚館」と改称されました。

鴻臚館を語る上で欠くことのできない人物として一番に挙げられるのは、第一章で紹介した医学博士・中山平次郎氏です。

大正時代の末、中山氏は、前記した歌の他、数首の万葉歌を手掛かりとして考察を重ね、長年にわたり不明であった鴻臚館の所在地を「福岡城の位置」と推定されました。

文献上の考察だけでは論拠不十分とする中山氏は更に、福岡城跡地内の実地調査を行います。その調査で、古代の瓦などを発見、採集された中山氏は自説への確信を深めました。

昭和六十二年（一九八七）、福岡市教育委員会による福岡城跡地内の発掘調査で、鴻臚館の遺構が確認されました。

中山氏の推定より、実に約七十年を経て中山説は証明されたのです。

それでは、この地に迎賓館が造営される以前には、「那津・荒津」はどのような役割を担っていたのでしょうか。文献より探ってみると、一世紀中頃には、我が国と外国（漢《かん》）との間には密接な交流があったことが、『後漢書《ごかんじょ》』の「倭伝《わでん》」の記述に認められ、その後の三世紀中頃にも、外国（魏《ぎ》）との間に一世紀中頃と同様の関係が築かれていたことが、『三国志《さんごくし》』の「魏志倭人伝《ぎしわじんでん》」の記述に認められます。

このことから、一世紀中頃から三世紀中頃（弥生時代後期初頭から古墳時代初頭）にかけて、我が国と外国との間には継続した交流があったものと推測されます。

両史書に登場する「奴国」は、先述したように、現在の福岡県の博多湾沿岸一帯を版図とした古代の国です。

両史書には、「那津・荒津」に該当すると思われる場所についての記述はありませんが、地理的に見て「那津・荒津」の場所は奴国の領域と考えられることから、一世紀中頃から三世紀中頃にかけて、「那津・荒津」が外交の玄関口として機能していた可能性は十分にあると私は考えます。

※『漢書《かんじょ》』の「地理志《ちりし》」の記述、及び出土する遺跡、遺構、遺物の研究により、我が国と外国との交流は紀元前に始まることが判明している。

「建津身神《たけつのみのかみ》」の神名の中にある「建津（勇ましい港）」の文字と、「荒津（荒々しい港）」の文字には、どちらも軍港としての性格が表れており、双方同じ意味を持つようです。

「荒津」と同じ意味を持つ「建津」が、神名の中にあることの理由とは何か。

私はそれを、古代の「荒津」が大変に重要な港であったとの事実が神名に表れたものと考えます。

小烏神社の御祭神の名は、はじめは「建津身神《たけつのみのかみ》」と表記されていたものが、後世に文字の変換があり、「建角身神《たけつのみのかみ》」と表記されるようになったのでしょう。

「建津身神《たけつのみのかみ》」とは「建津の身（身体）の神」であり、その神名の意味するところは、「荒津と一体となり、その地を護る神」でした。

そのように考えることではじめて、「荒津」に程近い地（直線距離で約三キロメートル）に鎮座する小烏神社に「建津身神《たけつのみのかみ》（建角身神《たけつのみのかみ》）」が御祀りされていることにも納得がゆきます。

私は「建津身神《たけつのみのかみ》（建角身神《たけつのみのかみ》）」を、弥生時代の奴国に実在した「水軍の将」と考えます。その人は、奴国の最重要港である「荒津」を内包する、巨大な国際港、「那津」を統括していたのです。

「神武天皇の東征は二世紀後半（弥生時代）の歴史事実であり、その出立地は伊都国である」

私は、第一章で紹介した考古学者・原田大六氏のこの学説に自身の見解を加えて、日本神話に語られる「神武天皇の東征」を再考しました。

時は二世紀の後半、大八洲《おおやしま》（日本）の西の地、伊都国の高千穂宮《たかちほのみや》で政事《まつりごと》を行っておられた神日本《かむやまと》磐余彦尊《いわれひこのみこと》は、東の良き地を目指すことを決意し、大軍を率いて伊都国を出立されました。

服《まつろ》わぬ者たちの抵抗に苦戦しながらも神日本磐余彦尊《かむやまといわれひこのみこと》の軍勢は進みますが、熊野の山中で強敵の猛攻に遭い、行く手を阻まれます。

王都、伊都国の隣の奴国には、奴国の最重要港、「荒津」を有する巨大な国際港、「那津」がありました。そこは、人々から建津身神《たけつのみのかみ》と呼ばれ畏敬《いけい》されている一人の武人が統括していました。

神日本磐余彦尊《かむやまといわれひこのみこと》は臣下《しんか》である建津身神《たけつのみのかみ》に、「船団を率いて熊野に急行せよ！」との伝令を送ります。

建津身神《たけつのみのかみ》の率いる武装船団は「荒津」を出港し、風のような速さで熊野に至りました。

神日本磐余彦尊《かむやまといわれひこのみこと》は強力な援軍を得て敵を打ち破り、大和に入ります。

それからも幾度もの戦いがありましたが、艱難辛苦《かんなんしんく》の末、神日本磐余彦尊《かむやまといわれひこのみこと》は、ついにその地を平定されます。

その後、神日本磐余彦尊《かむやまといわれひこのみこと》は畝傍《うねび》の橿原宮《かしはらのみや》で即位されて「初代　神武天皇」となり、天下を治められました。

九世紀から十一世紀にかけて、西ヨーロッパの沿海を席巻《せっけん》したヴァイキング。彼らは、「烏《からす》」を航海の案内者としたといいます。島影の全く見えない大海の只中《ただなか》で、船の位置を星によって測定できない時には、烏は羅針盤の役目を果たしました。船から烏を空に放すと、烏は陸地に向かって一直線に飛んで行きます。彼らはその後を全速で追跡するのです。

原田氏は、四世紀から七世紀にかけての九州で数多く築造された「装飾古墳」を研究し、その絵画の中にヴァイキングと同様の航海術の存在を認めました（原田大六著『新稿　磐井《いわい》の叛乱《はんらん》』〔三一書房、一九七三年〕の記述に基づく）。

「珍敷塚《めずらしづか》古墳（六世紀後半）」福岡県うきは市
「鳥船塚《とりふねづか》古墳（六世紀後半）」福岡県うきは市
「弁慶《べんけい》ケ穴《があな》古墳（六世紀後半）」熊本県山鹿市

これらの古墳の石室に描かれる「船」には、ある種類の「鳥」が止まっているのです。この鳥は、その形状と描かれる他の事柄（太陽など）から見て、「烏」に間違いありません。

このように、九州の装飾古墳の絵画を観察してみると、古代の日本では、航海には「烏」を伴っていたことが推測されるのです。

「烏」は「八咫烏《やたのからす》」に通じます。

前記の古墳が築造された時代より、およそ四百年の昔、「神武天皇の東征」の際に援軍を率いて駆け付けた「建津身神《たけつのみのかみ》（建角身神《たけつのみのかみ》）」もまた、その航海には「烏」を伴っていたことでしょう。常に共にある両者の姿は、人々には一心同体と見えました。

このような古代の出来事に由来し、「八咫烏《やたのからす》」は「建津身神《たけつのみのかみ》（建角身神《たけつのみのかみ》）」の化身とされたのでしょう。「建津身神《たけつのみのかみ》（建角身神《たけつのみのかみ》）」の神名を解読することにより、「八咫烏《やたのからす》＝建津身神《たけつのみのかみ》（建角身神《たけつのみのかみ》）」を御祀りする小烏神社が、近畿からは遠く離れた西の地に鎮座していたのは必然であったことが判明しました。

この研究の帰結として私は、福岡県福岡市の小烏神社を、近畿を中心に数多く存在する「八咫烏《やたのからす》」を御祀りする神社の起原と考えます。

※　本項で筆者が述べる「小烏神社（福岡県福岡市）の御由緒についての見解」は、あくまでも筆者独自の見解であり、小烏神社様の見解ではないことをお断りしておく。

縁《えにし》

私は、「建津身神《たけつのみのかみ》（建角身神《たけつのみのかみ》）」の実像を明らかにすべく始めたこの研究を通じて、福岡県福岡市の小烏神社の他にも、「小烏神社の名称を持つ神社」が近畿以西に存在することを知りました。

「徳島県阿南《あなん》市・香川県三豊《みとよ》市・広島県福山市・山口県柳井市・山口県防府市・福岡県行橋市・福

岡県久留米市・福岡県福津市中央・福岡県福津市上西郷・福岡県古賀市・福岡県糸島市・鹿児島県霧島市・鹿児島県姶良《あいら》市加治木町・鹿児島県姶良市東餅田・鹿児島県鹿児島市・鹿児島県鹿屋《かのや》市」（小烏神社の名称を持つ神社の所在地）

右記のように、私が確認できたものは、福岡県福岡市の小烏神社の他に十六社を数えます。

お気付きでしょうか。ここに挙げた十六社の中には、「神武天皇の東征」の出立地である「伊都国」（原田学説に基づく）に鎮座するもののあることを。

「伊都国にも小烏神社があったとは……」

福岡県糸島市志摩久家《しまくが》に鎮座するその神社に強く心を惹《ひ》かれた私は、糸島市の歴史を調べる際には欠くことのできない史料である、糸島郡教育会編『糸島郡誌（復刻版）』（名著出版、一九七二年）を手に取り、小烏《こがらす》神社の項を開きました。

「小烏神社
大字久家香月《かつき》の東山上にあり。祭神神直日命《かんなおびのみこと》、大直日命《おおなおびのみこと》、八十枉津日命《やそまがつひのみこと》。祭日九月十九日。社説に淳和《じゅんな》天皇天長《てんちょう》四年丁未《ひのとひつじ》伊勢國《いせのくに》より迎へ祀るといふ。（此社に祀るは警固三神《けごさんしん》なり。小烏神《こがらすしん》は建角身《たけつのみの》命《みこと》にして福岡市薬院にも祀れり。小烏と警固神とは別神なるを俗誤りて小烏と云ふ。故に此社も同じく習うて祀れるなり。）（後略）」（『糸島郡誌（復刻版）』P1318／〔〕は引用者記）

そこには、福岡県福岡市の小烏神社の名がありました。

福岡県福岡市の小烏神社と福岡県糸島市の小烏神社とは、「警固三神《けごさんしん》」を通じた縁《えにし》によって結ばれていたのです。

こうして、「建津身神《たけつのみのかみ》（建角身神《たけつのみのかみ》）」に続き「警固三神《けごさんしん》」もまた、研究の対象となってゆきました。

警固大神《けごおおかみ》

「警固三神《けごさんしん》を研究するのならば、やはり、あの神社を訪ねなくては」

私は、福岡県福岡市中央区天神《てんじん》二丁目に鎮座する「警固《けご》神社」へと向かいました。

警固神社の御祭神は、「警固大神《けごおおかみ》（警固三神《けごさんしん》）」と呼ばれる「神直日神《かんなおびのかみ》・大直日神《おおなおびのかみ》・八十禍津日神《やそまがつひのかみ》」です（相殿神《あいどのしん》は建角身命《たけつのみのみこと》・豊玉姫命《とよたまひめのみこと》・神功《じんぐう》皇后・応神《おうじん》天皇）。この三柱《みはしら》の神と福岡県糸島市の小烏神社に御祀りされる三柱の神は、その表記は異なりますが御同神です。

「古くは、筑前国那珂《ちくぜんのくになか》郡岩戸郷《いわとごう》の上警固《かみけご》村に御鎮座されていたと伝えられています。仲哀《ちゅうあい》天皇九年庚辰《かのえたつ》（二〇〇）に福崎《ふくさき》（現在の福岡城本丸跡周辺）の筑紫石《つくしいし》辺りに警固大神《けごおおかみ》が化現され、また神功《じんぐう》皇后が三韓御親征《さんかんごしんせい》の際には、警固大神《けごおおかみ》がその船団を守護し勝利へ導かれたと言われ、その報恩に神功皇后は最初に化現された福崎山（現在の鴻臚館《こうろかん》跡）に警固三柱《けごみはしら》の大神《おおかみ》を祀られ、これが警固神社の創建とされます。慶長《けいちょう》六年辛丑《かのとうし》（一六〇一）には、福岡藩初代藩主である黒田長政《くろだながまさ》公が福崎山に福岡城を築城するため、当社をいったん、下警固《しもけご》村山上の小烏《こがらす》神社に合祀《ごうし》され、御社殿完成の同十三年（一六〇八）

七月七日現在地に御鎮座となりました。（後略）」（「警固神社の御由緒書」／〔〕は引用者記）

徳川時代の一時期、警固神社は小烏神社（福岡県福岡市）に合祀されていました。その事実により、先述した「（前略）小烏と警固神とは別神なるを俗誤りて小烏と云ふ。故に此社も同じく習うて祀れるなり。」（『糸島郡誌（復刻版）』P1318）との出来事が生じたものと思われます。

昭和二十年代の末から三十年代の中頃にかけて、原田大六氏は「沖《おき》ノ島《しま》祭祀《さいし》遺跡」（福岡県宗像《むなかた》市大島沖ノ島）の発掘調査、及び研究をされました。原田氏が執筆の大部分を担当した二冊の調査報告書、『沖ノ島　宗像神社沖津宮《おきつみや》祭祀遺跡』（宗像神社復興期成会、一九五八年）と『続沖ノ島　宗像神社沖津宮祭祀遺跡』（宗像神社復興期成会、一九六一年）は学術報告の白眉《はくび》とされ、原田氏により毛筆で描かれた遺物の実測図は神技とも言われました。

原田氏は「沖ノ島祭祀遺跡」の研究成果から、「神功皇后は四世紀後半の実在の人物である」との確信に至ります。

私は、この原田氏の学説に基づいて、「警固神社の御由緒書」に語られる「神功皇后の三韓御親征」を再考しました。

仲哀天皇九年（四世紀後半）、神功皇后は「神直日神《かんなおびのかみ》・大直日神《おおなおびのかみ》・八十禍津日神《やそまがつひのかみ》」を、後の筑前国那珂郡上警固村より福崎の筑紫石の辺りに勧請されます。この三柱の神を船団の守護神として、神功皇后は新羅出兵（三韓出兵）を決行し勝利を収められました。神功皇后は凱旋《がいせん》の後、戦いに勝利したことへの報恩として、福崎山に造営した御社《おやしろ》に「神直日神《かんなおびのかみ》・大直日神《おおなおびのかみ》・八十禍津日神《やそまがつひのかみ》」を御祀りされました。

※「神直日神《かんなおびのかみ》・大直日神《おおなおびのかみ》・八十禍津日神《やそまがつひのかみ》」は、『記・紀』に語られる「伊邪那岐命《いざなきのみこと》（伊弉諾尊《いざなきのみこと》）の禊祓《みそぎはらい》」により御生まれになるが、その場面では、この三柱の神は「警固大神《けごおおかみ》」とは呼ばれない。「警固大神《けごおおかみ》」の名称は、古代、鴻臚館の付近に置かれた防衛施設である「警固所《けごしょ》」に由来すると言われる。なお、黒田藩の儒学者《じゅがくしゃ》・貝原益軒《かいばらえきけん》（一六三〇〜一七一四）の著した、筑前国の地誌である『筑前国続風土記《ちくぜんのくにしょくふどき》』には、前記の説と共に、「神功皇后の新羅出兵の際に、「神直日神《かんなおびのかみ》・大直日神《おおなおびのかみ》・八十禍津日神《やそまがつひのかみ》」が、皇后の軍衆を「警固《けいご》」して戦いを勝利へと導いた。故《ゆえ》に、後世、この三柱の神を「警固大明神《けごだいみょうじん》」と称することとなった」との伝承が紹介されている。

『古事記』は、神功皇后の新羅出兵の模様を次のように語ります。

筑紫《つくし》の訶志比《かしひ》の宮《みや》（福岡県福岡市東区にある香椎宮《かしいぐう》）にて神功皇后は神憑《かみがか》られます。夫の仲哀天皇は、神功皇后の口を借りて伝えられる「新羅への出兵を勧める御神託《ごしんたく》」に従われなかったことにより崩御《ほうぎょ》なさいました。天皇に仕える建内宿禰大臣《たけのうちのすくねのおおきみ》は驚き畏《おそ》れ、人々に命じて世の中の大祓《おおはら》いをさせました。その後、神功皇后は新羅出兵を決行し、勝利を収め凱旋なさいました。

古《いにしえ》の日本人は、「幸《さいわ》い」は勿論《もちろん》のこと「災《わざわ》い」であっても、それは神からの賜《たまわ》りものと考えました。神によってもたらされた災いは、神によって祓い清められる。

それぞれが異なった御神徳《ごしんとく》を持つ神々が共にあってこそ、澱《よど》むことのない循環が生まれると考えたのです。

仲哀天皇の死は「大禍事《おおまがごと》（大災厄）」でした。その大禍事を祓わねば、新羅出兵（三韓出兵）の勝利はないと神功皇后はお考えになり、「八十禍津日神《やそまがつひのかみ》」の御神徳によりもたらされた大禍事を、「神直日神《かんなおびのかみ》」と「大直日神《おおなおびのかみ》」に、その御神徳を以《もっ》て祓い清めていただこうとなされたのでしょう。

それが、神功皇后が上警固村より福崎の地へ、この三柱の神を勧請されたことの理由と、私は考えます。

※ 本項で筆者が述べる「警固神社（福岡県福岡市中央区）の御由緒についての見解」は、あくまでも筆者独自の見解であり、警固神社様の見解ではないことをお断りしておく。

疑問、そして進一歩《しんいっぽ》

かつての「筑前国那珂郡上警固村」は、現在では「福岡県福岡市南区警弥郷《けやごう》」と呼ばれ、その地には、永年にわたり地元の人々によって大切に守られてきた、「神直日神《かんなおびのかみ》・大直日神《おおなおびのかみ》・八十禍津日神《やそまがつひのかみ》」を御祭神とする「警固《けご》神社」が鎮座します。

二拝、二拍手、一拝。

参拝を終えた私の中に、一つの疑問が生じました。

「何故《なぜ》この三柱の神は、神功皇后により福崎の地へと勧請される以前から、この地に御祀りされていたのだろうか？」

全ての神社には、その土地に御創建される深い理由があります。その中には古代の記憶を遺すものも少なくはありません。神功皇后は四世紀後半の御方なのですから（原田学説に基づく）、警弥郷の警固神社の御創建は四世紀後半を下ることはありません。

その時です。未《いま》だ訪ねたことのない、ある遺跡のことを思い出したのは。

「確か、この辺りではなかったかな……」

私は何気なく、本当に何気なく、その遺跡へと歩を進めたのです。

この一歩が、後にあれほどの広がりを見せようとは、その時の私には知る由《よし》もありませんでした。

安徳台《あんとくだい》

警弥郷の警固神社から、那珂川《なかがわ》沿いを南へと約四キロメートル行ったところに「安徳台《あんとくだい》」（福岡県筑《ちく》紫《し》郡那珂川町大字安徳）はあります。安徳台は、標高約六〇メートル、面積約二二万五〇〇〇平方メートル（裾野を含む）の広大な台地であり、その名称は中世、大宰権少弐原田種直《だざいのごんのしょうにはらだたねなお》公が安徳《あんとく》天皇を迎えて、この地に仮の御所を構えたとの故事に由来します。

那珂川町教育委員会による、平成九年度（一九九七年度）から平成十五年度（二〇〇三年度）にかけての発掘調査で、安徳台からは、弥生時代中期前葉から後期初頭の集落跡、そして中期後葉の墳墓が発見され、そこは奴国の拠点的集落と位置付けられました。また、この地からは弥生時代の遺跡の他にも、七世紀代の建物群跡、中世の居館《きょかん》跡及び墳墓が発見されています（『安徳台遺跡群Ⅱ―福岡県筑紫郡那珂川町大字安徳所在遺跡群の調査―（那珂川町文化財調査報告書　第79集）』〔那珂川町教育委員会、二〇一〇年〕の記述に基づく）。

特筆すべきは、弥生時代中期後葉のものと推定される「安徳台遺跡群二号甕棺墓《かめかんぼ》と五号甕棺墓」（巻頭口絵⑵参照）です。並んで埋葬された二つの甕棺内には人骨も遺っていて、調査により、それは「熟年の男性（二号甕棺墓）」と「成年後半から熟年にかけての女性（五号甕棺墓）」のものと判明しました。「二号甕棺墓」には、「緑色（緑青色《りょくせいしょく》）をしたガラス製勾玉《まがたま》三個（内一個は壁《へき》の再加工品と考えられる）・ガラス製管玉《くだたま》三三七個・ガラス製塞杆状《さいかんじょう》製品二個・護法螺貝《ごほうらがい》の腕輪四十三個以上・柄《つか》に絹糸が巻かれた鉄剣一口・鉄戈《か》一口」が副葬され（鉄剣と鉄戈は甕棺外に副葬される）、「五号甕棺墓」には、「ガラス製塞杆状製品二個」が副葬されていました。

弥生時代の甕棺墓の副葬品としては大変な質と量です。それは、被葬者が生前、強大な権力を有していたことを物語っています。

なお、甕棺本体と人骨を含む大量の出土品は、平成二十五年（二〇一三）に「安徳台遺跡群二号棺・五号棺及び出土遺物一括」の名称で、一括して「町指定有形文化財」の指定を受けています。

私が特に注目したものは、「二号甕棺墓」に副葬されていた「緑色をしたガラス製勾玉三個」でした。

これは、福岡県糸島市の「平原弥生古墳（平原一号墓）」の割竹形木棺内に副葬されていた「空色をしたガラス製丁字頭勾玉三個」に匹敵するほどの逸品です。

先述したように、このガラス製丁字頭勾玉を含む平原弥生古墳の出土品は、平成十八年（二〇〇六）に一括して「国宝」の指定を受けています。

「（前略）勾玉は首飾りの親玉として発達したもので、もとは野獣の牙から変化したと考えられている。これが弥生時代の北部九州の住民の装身具になると、身分をあらわす標識のようになったようである。勾玉の材料にはガラスとヒスイが用いられている。現在ならばガラスは粗品であり、ヒスイは宝石としてあつかわれ、両者の開きは月とスッポンであるが、弥生時代のガラスは、そうではなかった。四王墓のうち井原ヤリミゾの被葬者の装身具はわかっていないが、三雲南小路・須玖岡本・平原弥生古墳の勾玉は、すべてガラス製品である。ヒスイ製の勾玉は、かなりの例があげられているが、地方の有力者程度の副葬品に伴っている。こうなると、北部九州の弥生時代には、首飾りの材質による階級判別がおこなわれていたかもしれない。（後略）」（『実在した神話』Ｐ１８５）

この原田大六氏の考察で分かるように、弥生時代の北部九州において「ガラス製の勾玉」は、「王侯《おうこう》級」の人物のみが所有することのできる、大変に貴重なものだったのです。

私は、このように見事な副葬品を持つことを理由に、「安徳台遺跡群二号甕棺墓の被葬者と五号甕棺墓の被葬者」を、この地一帯の「王と王妃」ではないかと考えました。

鏡の無い王侯墓《おうこうぼ》

これより先は、私が、その被葬者を王と考える「安徳台遺跡群二号甕棺墓」に焦点を当てて考察を続けます。

私は、安徳台遺跡群二号甕棺墓の副葬品を見て、その素晴らしさに驚嘆しましたが、その内容には、どこか違和感を覚えるのです。その理由は何か……。しばらくして大変なことに気が付いたのです。

「鏡《かがみ》が無い!!」

「鏡（銅鏡）」が一面も副葬されていないのです。遺跡には盗掘を受けた形跡はなく、甕棺は密封されて土中にあったのですから、発掘以前に副葬品が流出した可能性はありません。

北部九州で発見される弥生時代中期から後期にかけての「墳墓《ふんぼ》」において、それが「首長墓」であるか「庶民墓」であるかは、その形態と副葬品により判断されます。

そして、「鏡・剣（武器）・玉」の三器が副葬されていれば、首長墓は言うまでもなく「王侯墓」とも判断されるのです。

弥生時代の北部九州の支配者層は「鏡・剣・玉」の三器を所有し、それらを権威の象徴としていました。三器の最上位にあるのは「鏡」です。

原田大六氏によると、弥生時代の北部九州の支配者層は、「鏡」を太陽神の御魂《みたま》を宿す御神体《ごしんたい》として斎《いつ》き祀《まつ》り、その御神体を神器として用いる太陽祭祀《さいし》※を斎行《さいこう》していたといいます。

※　原田氏は、古代の日本において、「鏡」には二十数種の用途があったとして、『卑弥呼の鏡』（六興出版、一九七八年）などの著書でこれを論証した。本書では、その用途の中でも、原田学説として最も知られる「太陽祭祀との関わり」に焦点を当てて論じる。

次に挙げる、王侯墓と考えられる弥生時代中期から後期にかけての北部九州の墳墓と、その副葬品をご覧ください。十基の墳墓には、全て「鏡」が副葬されています。

王侯墓に「鏡」が副葬されないなど、通常では考えられないことなのです。

1　吉武高木《よしたけたかぎ》遺跡　三号木棺墓（福岡県福岡市）……………鏡（銅鏡一面）・剣・玉
2　立岩堀田《たていわほった》遺跡　十号甕棺墓（福岡県飯塚市《いいづか》）……………鏡（銅鏡六面）・剣
3　立岩堀田遺跡　二十八号甕棺墓（福岡県飯塚市）……………鏡（銅鏡一面）・剣・玉
4　隈《くま》・西小田《にしおだ》地区遺跡群　二十三号甕棺墓（福岡県筑紫野市）……………鏡（銅鏡一面）・剣
5　桜馬場《さくらのばば》遺跡　宝器内蔵《ほうきないぞう》甕棺墓（佐賀県唐津市）……………鏡（銅鏡三面）・剣・玉
6　三雲南小路《みくもみなみしょうじ》遺跡　一号甕棺墓（福岡県糸島市）……………鏡（銅鏡三十五面）・剣・玉
7　三雲南小路遺跡　二号甕棺墓（福岡県糸島市）……………鏡（銅鏡二十二面以上）・玉
8　須玖岡本《すぐおかもと》遺跡　巨石下甕棺墓（福岡県春日市）……………鏡（銅鏡三十二面以上）・剣・玉
9　井原鑓溝《いわらやりみぞ》遺跡　甕棺墓（福岡県糸島市）……………鏡（銅鏡二十一面）・剣

10　平原弥生古墳（平原一号墓）割竹形木棺墓（福岡県糸島市）…………鏡（銅鏡三十九面）・剣・玉

（『平原弥生古墳　大日孁貴の墓』の記述に基づく）

※　十基の墳墓の中には「鏡・剣・玉」の三器ではなく、「鏡・剣」もしくは「鏡・玉」の二器のみが副葬されるものがあるが、これは被葬者の性別による嗜好《しこう》の違いが理由であろう。「鏡・剣・玉」は男性もしくは女性、「鏡・剣」は男性、「鏡・玉」は女性であったと考えられる。なお、「三雲南小路遺跡一号甕棺墓」と「須玖岡本遺跡巨石下甕棺墓」には、「完璧《かんぺき》」の故事で知られる「璧《へき》（ガラス製）」という大変に貴重な品（漢《かん》代、皇帝が諸侯《しょこう》を封《ほう》ずる〔諸侯に任じる〕際には「璧」が下賜《かし》された）が副葬されており、本来ならば「璧・鏡・剣・玉」と記載すべきであるが、本書では特に「鏡・剣・玉」に論点を絞っているため、あえて三器のみの記載とした。

「安徳台遺跡群二号甕棺墓の被葬者は、王侯ほどに身分が高くはないから、「鏡」の副葬が無いのではないか？」

そのように思われる方もいらっしゃるでしょう。確かに、「鏡」が副葬されていない墳墓は庶民のものを含め数多く存在します。

しかし、被葬者の身分が高くないと考えるには、安徳台遺跡群二号甕棺墓の副葬品は先述の通り余りにも見事なのです。被葬者の身分が王侯級であることには疑いの余地はありません。

柄に絹糸が巻かれた見事な拵《こしらえ》の「剣」を持ち、国宝に匹敵するほどの「玉」を持ちながらも、肝心の「鏡」を持たない安徳台遺跡群二号甕棺墓の被葬者。

私は、「鏡」の副葬が無い事実に、この遺跡の異状を観たのです。

原田大六氏の金印研究

私の書棚には、原田大六氏の全著作が並びます。

「安徳台遺跡群二号甕棺墓には、どうも大変な謎が隠されているぞ……」

そう告げる私の直感は、その中の一冊を手に取らせました。

『悲劇の金印』（学生社、一九九二年）

天明《てんめい》四年（一七八四）二月二十三日（旧暦）、筑前国那珂郡志賀島《しかのしま》村（現在の福岡県福岡市東区志賀島）より出土した「漢委奴國王《かんのわのなのこくおう》の金印」（巻頭口絵(1)参照）。

『後漢書』の「倭伝」に次の一文があります。

「建武中元《けんむちゅうげん》二年（紀元五七年）、倭《わ》の奴國《なこく》、貢《みつぎ》を奉《たてまつ》り朝賀《ちょうが》す。使人《しじん》自ら大夫《たいふ》と称す。倭國《わこく》之《の》極《きょく》南界《なんかい》也《なり》。光武《こうぶ》、賜《たま》うに印綬《いんじゅ》を以てす」


出土してより二百三十余年。今もなお、多くの謎を孕《はら》む「金印」についての最初の研究を行ったのは、黒田藩の儒学者《じゅがくしゃ》・亀井南冥《かめいなんめい》（一七四三〜一八一四）でした。南冥は、『後漢書』の「倭伝」の文中にある「印綬」こそが、志賀島より出土した金印であると断定したのです。その研究内容は『金印弁《きんいんべん》』として著され、現代においても、金印を研究する者の必読の書となっています。

金印が出土してより、ちょうど二百年後の昭和五十九年（一九八四）、原田氏は、論文「悲劇の金印」を著し、金印についての大変に深い考察をし、その論証をなさいました。

※　金印に刻まれる「漢委奴國王」の五文字は、従来、様々な解釈に伴い、幾つもの読み方がなされてきた。中でも、「漢《かん》の委《わ》の奴《な》の國《くに》の王《おう》」と読んだ、歴史学者・三宅米吉《みやけよねきち》氏（一八六〇～一九二九）の学説に基づいた読み方である、「漢《かん》の委《わ》の奴《な》の國王《こくおう》」が現在最も人口に膾炙《かいしゃ》しており、「悲劇の金印」執筆時の原田氏も、これを「漢《かん》の委《わ》の奴《な》の國王《こくおう》」と読んだ。

「昭和二十五年（一九五〇年）に、私は自論『日本国家の起原』を発表して以来、弥生時代遺物の評価図をピラミッド状に描き、その頂点に「漢委奴国王」の金印を据えてきた（第1図）。日本全土における弥生時代の遺物として、これより歴史的に巨大なものは絶無だからである。（後略）」（『悲劇の金印』P21／第1図は『悲劇の金印』に掲載される「弥生時代遺物の評価図」を指す）

冒頭の一文に、原田氏の金印研究に賭ける、ただならぬ意気込みが感じられます。

「悲劇の金印」は原田氏の絶筆でした。未完であった論文は、原田氏の没後、平成四年（一九九二）に「原田大六先生遺稿集編集委員会」の熱意により書籍となって甦りました。

これは正に、原田氏の命を賭けた執念の論文だったのです。我が国における金印研究の金字塔とも言うべき名著、『悲劇の金印』。

僭越《せんえつ》ながら、ここに原田氏の記述を引用しつつ、その概要を述べたいと思います。

（イ）弥生時代の北部九州には、大王《おおきみ》により統率された諸国王たちの治める国々から成る連合国家が存在した。

連合国家は海を越えた西の大国、「漢《かん》」との交流を重ね、その文化を導入した。漢は冊封下《さくほうか》にあったその連合国家を「倭《わ》（倭国《わこく》）」と呼び、大王を「倭王《わおう》（倭国王《わこくおう》）」と呼んだ。

倭王に次ぐ地位にあったのは王妃、そして倭王直属の将軍（近衛《このえ》兵団の長）であり、諸国王たちはその次の地位にあった。連合国家倭の王都は、伊都国と奴国との間を数度遷都《せんと》したが、代々の王都の多くは盟主国である伊都国にあった。

王都が伊都国にあった時には奴国には奴国王《なこくおう》を、王都が奴国にあった時には伊都国には伊都国王《いとこくおう》を、その時々の倭王が任命した。

伊都国と奴国は倭王の直轄領であったろうから、その国の王には特別待遇の者が任命されたであろう。

なお、紀元五七年当時には、連合国家倭の王都は伊都国にあり、倭王は伊都国に居《こ》していた。その年に、漢の光武帝《こうぶてい》※より下賜《かし》された「漢委奴國王の金印」に刻まれる「奴国王」は、当時の倭王に任命された諸国王の一人、つまり倭王の臣下であった。

※　後漢の初代皇帝はその姓名を劉秀《りゅうしゅう》と言い、光武帝とは諡号《しごう》（生前の事跡に基づいて贈られる称号）である。

※　漢皇帝《かんこうてい》は、朝貢《ちょうこう》（皇帝に謁見《えっけん》し貢物《みつぎもの》を献上すること）をしてきた周辺諸国に対し、その国の君主と君臣《くんしん》の関係を結んで後ろ盾となり、その君主の有する領土の統治権を承認した。冊書《さくしょ》と呼ばれる辞令を以て封じる（王に任じる）ことから、これを冊封と言う。強大な漢の後ろ盾を得ることには、交易や軍事における多大な利があることから、その利を求め東アジアの多くの国々が漢の冊封を受けていた。
また漢は、皇帝を頂点とした国家体制を磐石《ばんじゃく》のものとするために「印章制度」を構築した。官位に就《つ》く人物には、その地位に応じた様式の「印」が与えられる印章制度は、漢の国内のみならず、漢の冊封を受ける周辺の国々にまで及び、漢皇帝より被冊封国の君主へと冊封の証の印が下賜された。

「5　奴国王は倭王ではない
〔紀元五七年に〕後漢光武帝から漢委奴国王の金印を下賜された奴国王は、たしかに〔連合国家倭に属する〕奴国の王ではあるが、それは〔倭全体の統治者である〕倭王ではない。なぜならば倭王は、伊都国にも奴国にも、また統属の諸国にも、その権威は及ぶが、〔諸国王である〕奴国王の権威は奴国一国に限られるからである。（後略）」（『悲劇の金印』P79／〔　〕は引用者記）

「金印を下賜された奴国王は、当時の倭王に任命された諸国王の一人であって、倭王ではない」と断定する原田氏は、語気を強めて次のように語ります。

「（前略）諸国王には、その国々の任務に合った統治権が倭王から与えられていたのであり、その定められた職分を決して越えることは許されなかったのである。金印は、上述の諸国王〔奴国王〕の、分

連合国家倭《わ》（弥生時代）

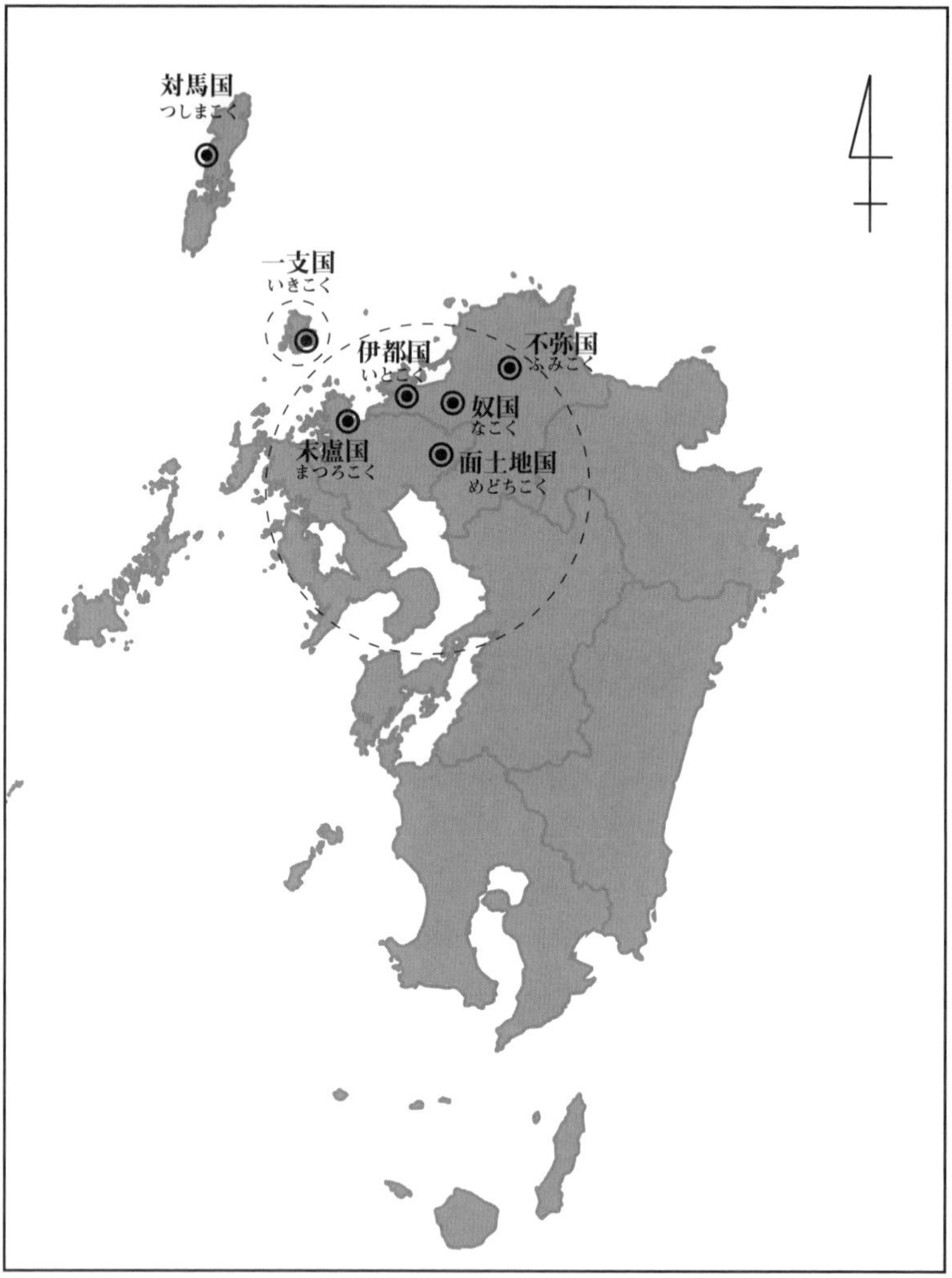

◉ 諸国の中心地　◌ 成人用甕棺墓の分布範囲

原田大六氏は、成人用甕棺墓の分布範囲が弥生時代の倭の版図になると考えた。長崎県対馬市は箱式石棺墓が多く、明確な甕棺墓は発見されていないが、原田氏は対馬国《つしまこく》を、一《い》支国《きこく》と同じく倭の大陸との交易における寄港国と位置付け、倭に属するとした。

なお原田氏は、地図（原田学説に基づいて作成）に記載した七か国の他に、奴国の東南方に一国と、面土地国《めどちこく》の西方に一国、国名の判明しない二か国の存在を想定していた。

原田氏は、倭の国家形態について、「連合国家」という表現を用いてはいないが、本書では、複数の国から成るというこの古代国家の性格を考え、倭を「連合国家」と表現する。

に過ぎた物であったことが、志賀島埋蔵の謎にからんでいると、誰か考えてみたことがあったであろうか。」（『悲劇の金印』Ｐ98／〔　〕は引用者記）

「誰か考えてみたことがあったであろうか」

その問い掛けは、原田氏自身を突き動かします。そして幾多《いくた》の考察を経て原田氏は、ある大胆な推定に至りました。

「〔前略〕奴国王が、倭王の遣漢使として洛陽に至り、「倭の奴国王」と名乗ったことが、そのまま金印にも反映したと考えられる。金印の謎は、どうもここらあたりにありそうである。『魏志』倭人伝の頃には、使人は誰であるかを名乗った場合に「大夫難升米《なしめ》」「大夫伊聲者《いせき》・掖邪狗《やゃく》」であったろうが、『後漢書』倭伝では、「大夫倭奴国王」であったのが、あちら〔漢〕では「倭奴国王」を「倭王」と誤解して、『後漢書』の記事となり、金印の「漢委奴国王」となったのであろう。〔後略〕」（『悲劇の金印』Ｐ191～192／〔　〕は引用者記）

「倭奴国王を倭王と誤解した」

この視点は、従来の研究者にはなかったものです。

原田氏は、「漢の光武帝より倭の諸国王の一人である奴国王へと下賜された金印は、本来、倭全体の統治者である倭王へと下賜すべきものであり、奴国王へは、誤って下賜されたのだ」と推定したのです。

ここで、原田氏の推定に基づき、金印が奴国王へと下賜されるまでの経緯を整理しておきます。

（ロ）紀元五七年、連合国家倭の諸国王の一人であった奴国王は、倭王の命《めい》により遣漢使として漢の都、洛陽《らくよう》に渡った。光武帝に謁見《えっけん》した奴国王は自身の身分を「大夫（倭王の高位の臣）」と言った。「大夫、倭の奴国王」と名乗ったのであるが、漢の側《がわ》は「倭の奴国王」とは「倭王」のことであるものと誤解した。使節であった奴国王を、倭全体の統治者である倭王と見做《みな》したのだ。その結果、「漢委奴國王と刻まれた金印」が、光武帝より奴国王へと下賜された。

数多くの考古学上の謎を解いてきた原田氏が、最後に挑んだ「漢委奴國王の金印、志賀島埋蔵の謎」。未完であった『悲劇の金印』ですが、その謎への解答は出されていたのでしょうか。

それを知る手掛かりは、内容が書かれることのなかった最終章、「第十一章　悲劇の金印」の「三つの項目の題名」と、原田大六氏の奥様、原田イトノ氏の寄稿文「『悲劇の金印』に寄せて」にありました。

「第十一章　悲劇の金印

1　奪取された国王権

2　金印の隠匿

3　処刑されたか、奴国王」（『悲劇の金印』P196）

「『悲劇の金印』に寄せて　原田イトノ

（前略）このように古事記・日本書紀・万葉集は比喩に満ち溢れているのだと、常日頃〔主人は〕申していました。この〝悲劇の金印〟の絶筆も、日本神話にある海幸彦《うみさちひこ》・山幸彦《やまさちひこ》にまつわる潮盈珠《しおみつたま》・潮乾《ひる》珠は何の比喩か？　この珠のおかげで山幸彦は戦いを勝利に導くことができ、一方、負けた海幸彦※の奴国王は捉われる前に志賀島の海岸近くの二人持ちの石の下に、漢皇帝から下賜された金印を隠して逃げたのだ、と〔主人は〕申していました。（後略）」（『悲劇の金印』P8／〔〕は引用者記）

※　原田氏は、金印を下賜された奴国王を、日本神話に語られる海幸彦（火照命《ほでりのみこと》）に比定される人物と考えていた。筆者は、原田氏のこの説に賛同するとともに、他方の山幸彦（火遠理命《ほおりのみこと》）を、その当時の倭王と考える。山幸彦が用いたという潮盈珠と潮乾珠についても、ある仮説を持つが、本書では、「海幸彦・山幸彦の物語」には踏み込まず、いずれ改めて、原田氏の学説を骨子《こっし》とした「海幸彦・山幸彦論」を公表したいと思う。

この二つを見ると、原田氏は、漢皇帝より金印を下賜されて帰国した奴国王のその後の運命を、次のように考えていたことが推察できます。

（ハ）「漢委奴國王と刻まれた金印」を見た倭王は激怒した。自分に贈られるはずの金印が、臣下の奴国王に贈られたのだ。それは漢の側の誤解によるものであったが、反逆者となってしまった奴国王は、その国王権を倭王により奪取《だっしゅ》された。

奴国王は自由を奪われる前に、志賀島の海岸近く、二人で持ち上げられるほどの石の下に金印を隠《いん》匿《とく》して逃亡した。その後、奴国王は追っ手に捕《とら》えられて処刑されたのかもしれない。


これが、原田氏の解答だったのでしょうか。

いいえ。勿論、これを以て、原田氏の解答とすることはできません。

ここに記した（イ）・（ロ）・（ハ）の内容は、未完であるという『悲劇の金印』の性格を踏まえて、執筆当時の原田氏の考えを推察したものです。

内容が書かれることのなかった最終章ですが、そこには非常に緻密な考察があったはずです。その考察を経て、原田氏の中では明確な解答が出されていたに違いありません。未完であることが悔やまれます。

原田氏が没して三十余年、原田氏の金印研究を受け継ぎ、これを完成させた研究者を未だ私は知りません。原田氏の解答を教えてくれる研究者はいないのです。

寄る辺は、やはり原田氏の著書の他にはありません。

私は、『悲劇の金印』を著すに至るまでの原田氏の金印研究の軌跡を求め、氏の著書を片端《かたはし》から繙《ひもと》いてゆきました。

金印の祭祀《さいし》

原田大六氏は、絶筆となった『悲劇の金印』を著す六年前に、著書『雷雲の神話』の中でも、金印についての興味深い考察をしていました。

原田氏によると、金印は神として「日本神話」にその名を留めていたというのです。

「（前略）次に水の底にそそぐ時に成れる神の名は底津綿津見神《そこつわたつみのかみ》（中略）中にそそぐ時に成れる神の名は中津綿津見神《なかつわたつみのかみ》（中略）水の上にそそぐ時に成れる神の名は上津綿津見神《うはつわたつみのかみ》（中略）この三柱の綿津見神《わたつみのかみ》は阿曇連《あづみのむらじ》等の祖神《おやがみ》と以《も》ち伊都《いつ》く神なり。故《かれ》、阿曇連等は、その綿津見神《わたつみのかみ》の子、宇都志日金拆命《うつしひかなさくのみこと》の子孫《うみのこ》なり。（後略）」（『古事記』より伊邪那岐命《いざなきのみこと》の禊祓《みそぎはらい》の場面）

「三柱綿津見神《みはしらのわたつみのかみ》

この三神は、阿曇連《あづみのむらじ》等が祖神として祭っていると〔『古事記』は〕記している。その神社は、筑前国（福岡県）粕屋郡の三座として、志加海《シカウミノ》神社三座　並名神大（『延喜式《〔えんぎしき〕》』神名帖）と出ているのがそれで、橘《〔たちばな〕》の小戸《〔おど〕》の檍原《〔あわきがはら〕》（博多湾）の打上浜《〔うちあげのはま〕》（海の中道）の先端の志賀《しかの》島に鎮座し、今もなお阿曇氏が神官である。（後略）」（『雷雲の神話』P271／〔〕は引用者記）

阿曇氏（阿曇連）は、阿曇族とも呼ばれる古代日本の有力な海人《あま》族です。日本の広域にわたって足跡を遺す彼らの本拠地は、志賀島一帯であったと言われています。

「宇都志日金拆命《うつしひかなさくのみこと》

ウツシとは目の前に顕在しているということで、ヒは霊でなく使用している「日」そのものであろう。もちろん太陽のことである。カネは金属。サクも使用漢字の「拆」の意味でよかろう。目を避けること、まぶしい意味であろう。目の前に顕在した太陽のようにまぶしい金属というのが、この神名である。それは他でもなく黄金のことである。弥生時代はまだ黄金の使用は少なく、対馬での金銅製釧、福岡県糸島郡（伊都国）の金銅製四葉飾《しようかざり》、山口県での金銅製の蓋弓帽《がいきゆうぼう》が他にあるだけである。何といっても、この志賀島が全国に名を轟かしているのは、後漢光武帝から建武中元二（五七）年に賜ったと考えられている、「漢委奴国王」と刻された金印の出土である（第五四図）。出土地点は志賀島の南端叶崎《〔かなのさき〕》であり、島上からすれば、おそろしく低地の渚近くに埋められていたように考えられるが、船上からの祭祀で島に奉ったとすれば、適当な場所であったといってよい。航路の神は船上から祭祀するのが当然であったろう。黄金の印も神であった。江戸時代に発見されるまでもなく、安曇《〔ママ〕》氏の祖神は奴国王としてはじめから名をとどめていたのである。」（『雷雲の神話』P271〜272／第五四図は『雷雲の神話』に掲載される「漢委奴國王の金印の写真」を指す。〔 〕は引用者記）

「（前略）志賀海神社の鎮座する志賀島の金印も、前述したように神名〔宇都志日金拆命《うつしひかなさくのみこと》〕としてとどめられていた。（後略）」（『雷雲の神話』P273／〔 〕は引用者記）

ここに紹介した『雷雲の神話』の内容を見ると、金印の神名を「宇都志日金拆命《うつしひかなさくのみこと》」とした原田氏は、「弥生時代、阿曇族は志賀島の南端の叶崎に埋められた金印を祖神として御祀りし、船上からの金印の祭祀を斎行していた」と考えていたことが推察できます。

原田氏は、未完であった『悲劇の金印』の中では、弥生時代の志賀島が当時の北部九州に存在した複数の諸国の内の、どの諸国の領域であったかを明言してはいませんが、『悲劇の金印』の以前に著された『邪馬台国論争』（三一書房、一九六九年）などの著書を見ると、原田氏が、「弥生時代の志賀島は奴国の領域であった」と考えていたことは明白です。

『雷雲の神話』で原田氏が述べるように、金印が出土した志賀島には古来、「綿津見三神《わたつみさんしん》」と呼ばれる「底津綿津見神《そこつわたつみのかみ》・仲《なか》（中）津綿津見神《つわたつみのかみ》・表《うは》（上）津綿津見神《つわたつみのかみ》」を御祭神とし（相殿神は玉依姫命《たまよりひめのみこと》・神功皇后・応神天皇）、摂社（四社）、末社（十九社）を有する志賀海《しかうみ》神社が鎮座します。そこでは、阿曇氏から続く伝統を守る歴代の阿曇家が宮司を奉職《ほうしょく》してこられました。

そして、原田氏が『雷雲の神話』で論証した「宇都志日金拆命《うつしひかなさくのみこと》」は、境内に鎮座する摂社、「今宮《いまみや》神社」に、「住吉三神《すみよしさんしん》、天児屋命《あめのこやねのみこと》、阿曇磯良丸命《あづみのいそらまるのみこと》をはじめとする神裔阿曇諸神《しんえいあづみのもろかみ》」と共に御祀りされているのです。

原田氏が考えていた「阿曇族の斎行する船上からの金印の祭祀」とは、どのようなものだったのでしょうか。

原田氏は、数多く著した著書の中には、その祭祀についての具体的な記述を遺していませんが、志賀海神社には古代より伝わる、ある重要な神事が存在するのです。

山誉神事《やまほめしんじ》

志賀海神社では古来、春の四月十五日には「山誉種蒔漁猟祭《やまほめたねまきかりすなどりのまつり》」、秋の十一月十五日には「山誉《やまほめ》漁猟祭《かりすなどりのまつり》」が執り行われてきました。

二つの御祭で奉じられる「山誉神事《やまほめしんじ》」。この神事については、次のようなお話が伝えられています。


「神功皇后の新羅出兵の際、皇后の御前にて、志賀の海人たちが山誉神事を披露したところ、皇后は、「この神事を志賀の浜に打ち寄せる波が途絶えるまで伝えよ」と言って篤《あつ》く庇護《ひご》された……」


山誉神事は本殿前の斎庭《ゆにわ》で執り行われます。

はじめに、宮司により籾種《もみだね》が蒔《ま》かれます（春のみ）。

次に、御社人衆《おしゃにんしゅう》が、勝山《かつやま》、衣笠山《きぬがさやま》、御笠山《みかさやま》の志賀三山《しかさんざん》を祓い清めて、「ああらよい山、繁《しげ》った山」との詞《ことば》で誉め称えます。

そして、鹿を射る「山の猟の場面」、次に、国歌「君が代」と同じ詞が述べられる「海の漁の場面」

へと展開します。

海の漁の場面では、二人の御社人が対面して一本の櫓《ろ》を二人で持って船を漕ぐ動作をし、三人の御社人が藁《わら》の鰭《ひれ》を持ち、鯛の形となって神事は進行してゆきます。

それではここで、海の漁の場面で御社人により述べられる詞を紹介します。なお、(イ)と(ロ)は、櫓を持つ二人の御社人により別々に述べられます。

(イ)「君《きみ》が代《よ》は千代《ちよ》に八千代《やちよ》に細石《さざれいし》の巌《いわお》となりて苔《こけ》のむすまで　あれはや　あれこそは　我《わ》が君《きみ》の召《め》しの御船《みふね》かや　うつつらが瀬《せ》　身骸《みがい》に命千歳《いのちせんざい》という花こそ咲いたり　沖の御津《おんづ》の汐早《しおはや》に生《は》えたらん　釣尾《つるお》に食わざらん　鯛《たい》は沖の群《む》れん鯛《だい》ほや」

(ロ)「志賀《しか》の浜《はま》　長きを見れば　幾世経《いくよへ》ぬらん　香椎路《かしいじ》に向いたる　あの吹上《ふきあげ》の浜　千代に八千代まで　今宵《こよい》夜半に着き給《たま》う御船こそ　誰《た》が御船なりけるよ　あれはや　あれこそは　阿曇《あづみ》の君の召し給う御船になりけるよ　いるかよ　いるか　汐早のいるか　磯良《いそら》が崎《さき》に鯛《たい》釣る翁《おきな》」

(イ)「幾瀬《いくせ》で釣る」

(ロ)「四瀬《よせ》てぞ釣る」

(イ)「幾瀬で釣る」

(ロ)「四瀬てぞ釣る」

(イ)「幾瀬で釣る」

(ロ)「四瀬てぞ釣る」

この神事を御覧になったという神功皇后は四世紀後半の御方です(原田学説に基づく)。山誉神事の起原は明らかではないとされていますが、神功皇后にまつわる伝承があることを考えれば、山誉神事の成立は四世紀後半を下ることはありません。

私は、この古式ゆかしい神事の成立は、大和《やまと》朝廷成立以前の弥生時代にまでさかのぼるものと考えます。

山誉神事の海の漁の場面では、志賀島にいる人々が、高貴な御方をお迎えする様子が述べられているようです。その御方のことを「我が君・阿曇の君」と呼ぶことを考えると、高貴な御方をお迎えする人々は、志賀島を本拠地とする阿曇族なのでしょう。

阿曇族から「我が君・阿曇の君」と呼ばれるその御方は、船を召して夜半に志賀島を訪れるのです。弥生時代の志賀島が奴国の領域であれば(原田学説に基づく)、阿曇族の迎えるその御方は、奴国の中心地から来られるのではないでしょうか。現在の考古学界では、奴国の中心地は「須玖岡本遺跡」(福岡県春日市)の辺りであったと考えられています。

志賀島から奴国の中心地を望み、東南へ向かって海上を進んで博多港に至り、那の津(福岡県福岡市中央区那の津)から、那珂川を南へと約一四キロメートル上って行くと、そこには、あの「安徳台」があるのです……。

確信

日本神話を実在のものとする原田大六氏の学説を念頭に置いて始まった、私の歴史への考察も、いよいよ佳境《かきょう》へと入り、再び「安徳台の謎」に迫ってゆきます。

この度私は、亀井南冥、中山平次郎氏、そして原田大六氏の遺された研究を、自身の考察の骨子《こっし》として推論を重ねてきましたが、そこには、奇《く》しき御縁による数々の発見がありました。そして私は、ある確信に至ったのです。あるいはそれは、導きの神である「八咫烏《やたのからす》」の御神徳によるものだったのでしょうか。

ここに私は、「鏡」を持たない王、「安徳台遺跡群二号甕棺墓の被葬者」の生前の姿を蘇らせます。

その人の名は

安徳台遺跡群二号甕棺墓の被葬者は、弥生時代の北部九州に存在した連合国家倭において、諸国王の一人として大変な権力を持った人物でありました。それがある時、何らかの事件が起きて、その人は倭王により罰を受けたのです。その罰とは、太陽祭祀の権限の剝奪《はくだつ》と、それに伴う「鏡」の剝奪でした。

再言しますが、弥生時代の北部九州の支配者層は、「鏡」を太陽神の御魂を宿す御神体として斎き祀り、その御神体を神器として用いる太陽祭祀を斎行していたのです。「鏡」は諸国王が勝手に所有してよいものではなく、それは必ず倭王から下賜されていました（原田学説に基づく）。

太陽祭祀の権限を失い、それに伴って「鏡」を失うことの重大性は、とても私たち現代人の考えの及ぶところではないでしょう。それほどの重大事件が弥生時代の倭で起こったのです。

私はその事件を、天明四年に志賀島より出土した、「漢委奴國王と刻まれた金印」に関わるものと考えます。


安徳台遺跡群二号甕棺墓の被葬者こそ誰あろう、紀元五七年、漢の光武帝より金印を下賜された「奴国王」その人だったのです!!


紀元五七年、連合国家倭の諸国王の一人であった奴国王は、伊都国に居していた倭王の命により遣漢使の長官として漢の都、洛陽に渡りました。

代々の倭王は漢皇帝《かんこうてい》の冊封を受けており、漢皇帝が倭の統治権を承認した証として「ガラス製の璧《へき》（中央に円孔《えんこう》を穿《うが》つ円盤状の祭器）」が、漢皇帝より代々の倭王へと贈られていました。

強大な漢との密接な関わりは、未だ倭王に服《まつろ》わぬ国々への強力な牽制《けんせい》となっていたのです。

その位に就《つ》いてより数度の朝貢《ちょうこう》を行ってきた倭王が、この度の遣漢使に期待した成果。

それは、自身の代における倭の統治権を承認した証、かつての「璧」に替わる「印」が、冊封に伴って漢皇帝より贈られることでした。

それゆえに、全幅の信頼を置く奴国王を遣漢使の長官に任命したのです。

光武帝に謁見した奴国王は、自身の身分を「大夫（倭王の高位の臣）」と言いました。「大夫、倭の奴国王」と名乗ったのですが、漢の側は「倭の奴国王」とは「倭王」のことであるものと誤解しました。皮肉にも、奴国王の堂々たる振舞いが確証となり、使節であった奴国王を、倭全体の統治者である倭王と見做したのです。

漢の側の用意した印は、蛇の鈕《ちゅう》（つまみ）に紫色の綬《じゅ》（組紐《くみひも》）が結わえられた「金印」でした。それは実に、漢の内臣である「列侯《れっこう》」に下賜されているほどの特別なものです。

眩《まばゆ》いばかりに煌《きら》めいた黄金の印を受け取った奴国王は、その印文を見て驚愕《きょうがく》します。

そこには「漢委奴國王」と刻まれていました。光武帝は倭王へと下賜すべき金印を、奴国王へと下賜したのです。

「私、奴国王は倭の諸国王の一人であり、倭王の臣下なのです。私は倭王の使節であり、倭王本人ではありません。金印が、倭の君主である倭王へと贈られるものならば、その印文は「漢委國王《かんのわのこくおう》」でなくてはなりません。「奴《な》」の一文字は決して刻まれてはならないのです！　この金印を下賜されるわけにはゆきません！」

奴国王は、そう言って必死で誤解を解こうとしましたが、漢は何よりも面子《メンツ》を重んじる国です。奴国王が、どれほど訴えようとも、決して誤りを認めようとはしませんでした。

「奴」の一文字が刻まれた金印を光武帝より下賜されて、奴国王は苦悩のうちに帰国します。

倭王は大変に聡明な方でしたので、「漢委奴國王と刻まれた金印」を見てすぐに、印文は漢の側の誤解によるものであり、金印を下賜されてしまった奴国王には一片の非もないことを察知しました。しかし、これを不問にしていては倭王の権威は揺らぎ、延《ひ》いては連合国家倭の崩壊へと繋《つな》がります。忠臣であった奴国王ですが、倭王への反逆者として捕えるより他ありませんでした。

時を経て、奴国王は許されます。倭王の恩情により奴国王としての身分は保証されましたが、その罪の全てが許されたわけではありませんでした。奴国王は、国家を揺るがした大罪の罰として、太陽祭祀の権限を剝奪され、それに伴い、所有していた全ての「鏡」を剝奪されてしまったのです。

それが、安徳台遺跡群二号甕棺墓の副葬品に「鏡」が一面も無いことの理由だったのです。

倭王への反逆は「大禍事（大災厄）」であり、それは「八十禍津日神《やそまがつひのかみ》」の御神徳によりもたらされたものと倭の人々は考えました。大禍事は、「神直日神《かんなおびのかみ》」と「大直日神《おおなおびのかみ》」に、その御神徳を以て祓い清めていただかなくてはなりません。

それが、「神直日神《かんなおびのかみ》・大直日神《おおなおびのかみ》・八十禍津日神《やそまがつひのかみ》」の三柱の神が、安徳台に程近い、福岡県福岡市南区警弥郷三丁目（直線距離で約四キロメートル）に鎮座する警固神社に御祀りされていたことの理由なのです。

一方、倭王もまた、「漢委奴國王と刻まれた金印」を前に苦悩します。「奴」の一文字が刻まれた金印を自身が使うことなどできません。そうかと言って滅《めっ》することもできません。倭は、漢による冊封の下にあります。金印を滅すれば、それは漢皇帝への反逆となってしまいます。

倭王は苦慮の末、金印を「神（宇都志日金拆命《うつしひかなさくのみこと》）」として斎き祀ることとしました。

倭王は、奴国王の腹心である阿曇族に、彼らの本拠地、志賀島で金印を守るよう命じます。

金印には神となって、現世《うつしよ》の覇者《はしゃ》、漢皇帝の力の及ばないところ、神の領域である常世《とこよ》へと御帰りいただくより他に道は無かったのです。


奴国王は一年に二度、種蒔きの春と収穫の秋に、自身の住まうところ（安徳台）から、夜半に那珂川を船で下ります。船は博多湾を経て、志賀島の南端付近に碇《いかり》を下ろしました。

金印は、波の寄せる磯の側《そば》、二人で持ち上げられるほどの石の下に埋めてあるのです。

奴国王は、船上より、「神となった金印の祭祀」を斎行するのでした……。

※　本項で筆者が述べる「警固神社（福岡県福岡市南区）の御由緒についての見解」は、あくまでも筆者独自の見解であり、警固神社様の見解ではないことをお断りしておく。

師の言葉

この度の金印をめぐる自身の論考を振り返ると、安徳台遺跡群二号甕棺墓の副葬品に「鏡」が無いことに疑問を持ったことが始まりでした。原田大六氏の著書『悲劇の金印』を熟読していた私は、これは「漢委奴國王の金印」に関わりがあるものと直感しました。

「6　金印遺跡は奴国王墓ではない

（中略）

奴国王墓だとしたら、甕棺葬であり、最小限、鏡・武器の副葬があらねばならないが、金印遺跡は、二人持ちの石下から、金印一つだけが出土したものであって、それを奴国王の墳墓と認定することは考古学上からは到底できないことである。なお志賀島には、北部九州に夥しい甕棺墓地さえ発見されていない。金印出土地は奴国王の墓では決してないのである。（後略）」（『悲劇の金印』Ｐ99）

原田氏は『悲劇の金印』の中で、金印遺跡は奴国王墓ではないと断定していましたが、「奴国王墓」を特定してはいません。

原田学説に心酔する私は尋ねたかった。

「原田先生は、安徳台遺跡群二号甕棺墓に鏡が無いことの理由を、どのようにお考えになりますか。御教授お願い致します」

しかし、問い掛けようにも原田氏はいらっしゃいません。

そのうえ、安徳台遺跡群二号甕棺墓は、原田氏の没後十八年を経て発見されたのです。原田氏が、この墳墓についての研究を遺してあろうはずもありません。

私は原田氏の著書を頼りに、自身でその答えを見付ける決意をしました。

こうして私は、日本古代史最大の謎とも言える「漢委奴國王の金印の謎」に挑むこととなったのですが、それは私自身、思いもよらぬことでした。

自身の直感に従い私は、「安徳台遺跡群二号甕棺墓の年代」と「金印が奴国王に下賜された紀元五七年」とを近似値にあるものと仮定しました。そして独自の見解による考察を進めていった結果、安徳台遺跡群二号甕棺墓は、漢の光武帝より金印を下賜された奴国王の墳墓に違いないと確信したのです。

しかし、私のこの推定には問題がありました。

日本の考古学界における現在の編年では、「安徳台遺跡群二号甕棺墓の年代」は「弥生時代中期後葉」に位置付けられ、「金印が奴国王に下賜された紀元五七年」は「弥生時代後期初頭」に位置付けられています。

「弥生時代中期後葉」と「弥生時代後期初頭」は時代区分の上で接近してはいますが、両者は同時代とは言えず、現在の編年を絶対とする限り、私の推定は成り立たないのです。

私は研究の早い段階でこの問題に気が付いていながらも、自身の力不足から、それを解決できぬままに考察を進めてゆきました。

しかし、この問題の解決なくしては、私の金印研究は完成しないのです。

「今のままでは、画竜点睛《がりょうてんせい》を欠く！　何度読んだか分からないこの二冊。もう一度はじめから読み直してみよう。解決の糸口が摑《つか》めるかも知れない」

私は、『悲劇の金印』と『安徳台遺跡群Ⅱ―福岡県筑紫郡那珂川町大字安徳所在遺跡群の調査―（那珂川町文化財調査報告書　第79集）』の二冊の書を併読し、一ページ、また一ページと食い入るようにその文字を追ってゆきました。

そして……。

「似ている……、確かに似ている。酷似《こくじ》と言ってもよいほどに」

「第六章　諸国王の墓

（中略）倭王に次ぐのは王妃や将軍であった。その次がこの諸国王と考えられる。それは漢式鏡を六面から二面に至る所有者のようである。

ここに始めて金印の奴国王が出てくることになる。さて諸国王の墓は何処にあり、金印と時代を同じくする墳墓は、いかなる構造をもち、いかなる遺品をもつかを調べてみよう。（中略）

2　上白水門田の甕棺（奴国）

春日市の大字上白水小字門田《もんでん》、通称辻田《つじばたけ》で新幹線引込線のために昭和四十九年に発掘された合口甕棺である。（第31図）銅鏡の副葬は盗掘によってその形式を知ることができないが、下甕の側方に径十四センチメートルと十三センチメートルの円弧が一部重ねた状態で確認されたが、これが盗まれた鏡の痕跡であろう。甕棺外からは赤塗り柄の有樋鉄戈が一つ知られ、攪《かく》乱土中から鉄剣片一が出土している。盗掘を受けたとはいえ、鏡二面、鉄戈一、鉄剣一を副葬していたのは確実であり、他にも何かが無かったとはいえないが、持ち去られていてこれ以上はどうにもならない。（中略）もし鏡を副葬していたとしたら、古式の方格規矩鏡〔ほうかくきくきょう〕あたりであろう。（後略）」（『悲劇の金印』Ｐ92～95／第31図は『悲劇の金印』に掲載される「門田遺跡二十四号甕棺墓の実測図」を指す。〔 〕は引用者記）

私は、原田氏が『悲劇の金印』の中で「金印と時代を同じくする墳墓」として挙げていたこの甕棺墓が、自身の抱える問題を解決へと導くことに気が付いたのです。

「安徳台遺跡群二号甕棺墓」の北西約二・五キロメートルに位置する「門田遺跡二十四号甕棺墓」（福岡県春日市上白水《かみしろうず》八丁目）。

近年の研究により両墳墓には、「厚葬墓であること、墓壙は広く深いものであること、甕棺の形状は一の谷形の大型であり口縁部を打ち欠かない接口式であること、鉄器を甕棺外に副葬すること」といった複数の共通点のあることが指摘されていました（『安徳台遺跡群Ⅱ―福岡県筑紫郡那珂川町大字安徳所在遺跡群の調査―（那珂川町文化財調査報告書　第79集）』の記述に基づく）。

そして、その当然の帰結として両墳墓は、同時代のものと推定されているのです。

「注1　奴国内で中期後葉の厚葬墓は、須玖岡本遺跡※以外は上記した安徳台遺跡群2・5号棺、門田遺跡24・27号棺・上月隈遺跡群7号棺がある。（後略）」（『安徳台遺跡群Ⅱ―福岡県筑紫郡那珂川町大字安徳所在遺跡群の調査―（那珂川町文化財調査報告書　第79集）』Ｐ60）

※　右記の「須玖岡本遺跡」とは、「須玖岡本遺跡巨石下甕棺墓の付近で発掘された厚葬墓」のことを指している。

それでは、「安徳台遺跡群二号甕棺墓の被葬者」と同じ時代に生きた「門田遺跡二十四号甕棺墓の被葬者」とは、どのような人物なのでしょうか。

私は、古式の方格規矩鏡二面を所有していたその人は、「鏡」を剝奪された「安徳台遺跡群二号甕棺墓の被葬者」に代わり、奴国での太陽祭祀を斎行していたのではないかと考えます。

あるいはその人は、「安徳台遺跡群二号甕棺墓の被葬者」の嫡男《ちゃくなん》だったのではないでしょうか。先述したように、「安徳台遺跡群二号甕棺墓」と「門田遺跡二十四号甕棺墓」は複数の共通点を持ちますが、両墳墓が父と息子のものであってみれば、それも納得がゆきます。

なお、「門田遺跡二十四号甕棺墓」の出土品は、そのすぐ側から発掘された「二十七号甕棺墓」の出土品と共に、平成十六年（二〇〇四年）に「門田遺跡辻田地区二十四号・二十七号甕棺墓出土品」の名称で、一括して「県指定有形文化財」の指定を受けています。

「門田遺跡二十四号甕棺墓」を「金印と時代を同じくする墳墓」と考えていた原田氏。

原田氏が「安徳台遺跡群二号甕棺墓」の発見時にご存命であって、この墳墓を調査していたならば、原田氏は「安徳台遺跡群二号甕棺墓」を、その特徴から、「門田遺跡二十四号甕棺墓と同時代の墳墓」、すなわち「金印と時代を同じくする墳墓」と推定し、このように言われたことでしょう。

「もし安徳台遺跡群二号甕棺墓に鏡が副葬されていたとしたら、それは古式の方格規矩鏡（巻頭口絵(4)参照）あたりであろう」と……。

私は原田氏の絶筆に、今は黄泉《こうせん》の客《きゃく》となられた氏の声を聞いたように思います。

こうして私は、「安徳台遺跡群二号甕棺墓は、漢の光武帝より金印を下賜された奴国王の墳墓である」との自説への確証を得たのです。

その帰結として私は、安徳台を紀元五七年当時の奴国の中心地と考えます。


「全ての学問の始まりは哲学だよ。疑問を解くのは仮定であり思い込みから出発するんだよ。考古学も、万葉学も、物理学も仮定から、つまり思い込みから始まるんだよ。アインシュタインの相対性理論も湯川博士の中性子理論も全て仮定、つまり思い込みから生まれた理論だよ。だからオレの学説は五十年後にみとめられる。学問とはそういうものだよ。自分を磨き、頭脳を磨ぎ澄まし、そして自分を信じることだよ」（荒木重人著『孤高の天才　原田大六―その学問と波乱の生涯―』歴史新報社、二〇一〇年、P326）

私は原田氏の、この言葉に勇気を頂きました。

お会いすることこそありませんでしたが、私は原田氏を、自身の学問の師と思っています。

たとえ、識者の方々から門外漢《もんがいかん》の妄言《もうげん》と笑われようとも、自説を公表しようと思ったのは、ひとえに師の、この言葉の後押しによるものでした。編年は新たな発見により変わってゆくものです。

私は自分を信じます。

金印最大の謎を解く

金印は、奴国王に下賜されてより約一七〇〇年を経て、志賀島の南端、波の寄せる磯の側、叶崎というところの田の境の溝の岸、二人で持ち上げられるほどの石の下から、何の伴出物も無くただ一つ出土しました。

「何故、志賀島に埋蔵されていたのだろうか？」

これが、天明四年の出土以来、今日に至るまでの「金印最大の謎」だったのです。
しかし、ここにその謎の解答は得られました。

その理由、それは「贖罪《しょくざい》」でした。

そうです、かつて奴国王が斎行した「神となった金印の祭祀」とは「贖罪の祭祀」だったのです。
贖罪の祭祀であるがゆえに、金印は人目を忍ぶように、奴国の中心地（安徳台）からは遠く離れた志賀島（直線距離で約二一キロメートル）に、粗末と思えるほどの簡素な形で埋蔵されていたのです。
奴国王は生前、その全身全霊を以て「倭王への反逆」という罪を贖《あがな》っていたのです。そうまでしながら、その死後にも「鏡」を持つことを許されなかった悲劇の王、それが奴国王でした。
「漢委奴國王の金印」、それは正に、原田氏が絶筆で推察されていた通りの「悲劇の金印」だったのです。

奴国王亡き後も、阿曇族により祭祀は続けられます。しかし、それはもう贖罪という悲しみの祭祀ではありませんでした。

奴国王を想う人々の真心がそうさせたのでしょう。祭祀は変じて、在りし日の奴国王の姿を再現し、その御霊《みたま》の来訪を喜ぶものとなったのです。

奴国王の身骸に、命千歳（永遠の意味）という花が咲いた瞬間でした。

神となった阿曇の君は、人々に多くの幸いをもたらすために志賀島へ来訪されるのです。

阿曇族は、悲劇の金印を一族の祖神として御祀りし、阿曇の君の斎行した祭祀を継承しながらも、それを喜びのものへとなして、二千年の永きにわたり、我が君である悲劇の王の御霊を慰め、御祀りしてきたのです。

五穀豊穣《ごこくほうじょう》と豊漁を祈り、もたらされる幸いに感謝する山誉神事。山誉神事は、これから先も永遠に守り伝えられてゆくことでしょう。

志賀の浜に打ち寄せる波が途絶えることなど、決してないのですから……。

※　本書で筆者が述べる「志賀海神社の山誉神事の起原についての見解」は、あくまでも筆者独自の見解であり、志賀海神社様の見解ではないことをお断りしておく。

◆◆面子《メンツ》ゆえの歴史の改竄《かいざん》◆◆

『後漢書』の「倭伝」には、「漢の光武帝は、倭全体の統治者である倭王へと下賜すべき金印を、誤って倭王の使節である奴国王へと下賜した」とは記されてはいない。同史書は、「漢の光武帝は、使節を通じて、倭の奴国（王）へと印綬（金印）を下賜した」と伝えるのみである。

原田大六氏は、自身の推定する歴史事実と『後漢書』の「倭伝」の記述との相違の理由についての緻密な論証を行っていたはずであるが、未完であった『悲劇の金印』には、その内容は遺されてはいない。甚《はなは》だ僭越ではあるが、筆者は、その相違についての原田氏の考えを拝察した。

古代の文物に、真実、人の世の哀歓《あいかん》を観ていた原田氏であれば、次のように言われたのではなかろうか。

「『後漢書』の「倭伝」の記述には、大国であるがゆえの、漢の苦悩が見える。

天命を受けて即位すると考えられた皇帝は、被支配者にとっての絶対の存在でなくてはならなかった。冊封の証である金印を、誤って使節に下賜するなどという失態は決してあってはならない。

しかし、そのあってはならないはずのことが起きてしまったのだ。ならば止《や》むなし！　金印に「漢委奴國王」と刻んでしまった以上、漢の側は、金印を下賜した「倭の奴国王」という人物を、使節ではなく、使節を遣《つか》わした者（倭王）であったこととして記録するより他なかったのだ。

金印を下賜された側が悲劇なら、下賜した側もまた悲劇……。

正史とされる『後漢書』の「倭伝」。そこには、有史以来、人類が幾度となく繰り返し、今もまた繰り返す、「面子ゆえの歴史の改竄」があった……」

軛《くびき》を解く

「奴」……。

これまでに、何度この文字を記したことでしょうか。

奴国王の実像が明らかになった今、私は、「奴」の文字を記すことに強い抵抗を感じています。「奴婢《ぬひ》（男女の召使い）・奴僕《どぼく》（しもべ）・奴隷《どれい》」の「奴」であるこの文字に、良い意味などありません。

弥生時代の日本人は、現在の福岡県の博多湾沿岸一帯を版図とした国を「なのくに」と呼んでいました。それに表意文字を充てれば「中《な》の国《くに》」であり、その国名には、「盟主国である伊都国に次ぐ力を持つ国」という意味がありました（『悲劇の金印』の記述に基づく）。

漢は冊封下にある周辺諸国を従属的名称で呼びました。弥生時代の日本人が「中の国」と言っていたものを、漢は「中の国」という名称の中にある「な」の音に、賤《いや》しめた意味を持つ「奴」の文字を充てて「奴国」と呼び、紀元五七年、下賜する金印にその文字を刻んだのです。

※『日本書紀』には、「中」の文字を「な」の一音で読んだ記述が見られ、「中」の文字には「次」という意味があったことが『万葉集』の記述により判明している（『悲劇の金印』の記述に基づく）。

金印の下賜より約七百年の後に編纂された勅撰《ちょくせん》史書である、『日本書紀』の「仲哀天皇八年（四世紀後半）春正月の条」に、「中の国」は「儺縣《なのあがた》」という名称となって出てきます。

時代は下って、同書の「宣化天皇元年（五三六）夏五月の条」には「那津」の記述が見られます。これにより、六世紀前半には「儺縣」の地を表すのに「那《な》」の文字を用いたことが推測されます。その後、八世紀には、その地は「那珂郡」と呼ばれるようになり、その名称は明治時代まで用いられました。

「安徳台」の所在地である「福岡県筑紫郡那珂川町」は、かつての「中の国＝儺縣＝那珂郡」の範囲にあります。

弥生時代に「中の国」と呼ばれた地の名称の中にある「な」の音は、「那」と表記されて、今もなお地名の中に遺っているのです。

原田大六氏と親交が深かった、東洋学者・白川静《しらかわしずか》氏（一九一〇〜二〇〇六）は著書の中で、「那」の文字の意味を、「花が美しく、枝がしなやかであることをいう」と解説しています（白川静著『字通《じつう》』の記述に基づく）。

古代の日本人は、何と風雅《ふうが》な文字を選んでいたことでしょうか。

先人の知性に深い感銘を受けた私は、弥生時代に存在し、現在の福岡県の博多湾沿岸一帯を版図とした国の名称を、「那国《なのくに》」と表記し、その国の王の名称を「那国王《なのくにのきみ》」と表記します。

それでは、漢から付けられた連合国家の名称である「倭」は、どうでしょうか。「倭」の文字には、漢以前には「廻《めぐ》って遠いさま・順《したが》うさま」との意味がありました（『悲劇の金印』の記述に基づく）。やはりこれも、従属的名称と言わねばなりません。

原田大六氏は「倭」について、どのように考えていたのでしょうか。

「（前略）中国側からつけた「倭」を、では弥生時代に何と日本人は呼んでいたであろうか。（中略）倭がヤマトとなるのは、国都がヤマトに設置されたからである。筑紫国は伊都に都があったので、イツ―イツクシ―ツクシとなり、九州の総称名にもなっている。弥生時代の大甕棺王国は、国都〔が〕伊都〔にあったこと〕から、イツと称えられていたのはいうまでもなかろう。弥生時代の国王を抱えた「倭」はイツであった。」（『悲劇の金印』P152〜153／〔〕は引用者記）

原田氏は、弥生時代の日本人は「倭」を「イツ」と呼んでいたと推定しました。

「イツ」とは、どのような文字で表記するのでしょうか。

「伊都国《いつのくに》（稜威《いつ》の国《くに》）」

記紀には、「伊都」という文字はよく使用されているが、これはイトとは読まずイツと読ませている。イトというのでは古語としての意味を失うが、イツならば、それは「伊都久志《いつくし》」となり「筑紫《つくし》」の語源形成の元になった国名であった。しかしそれは「伊覩《いと》」を経て「伊斗《いと》」「怡土《いと》」となり、イトと読むのが通例となってトと発音し、それは更に変化して「糸《いと》」となってしまった。伊都の尊厳さはここに完全に消滅してしまった。

伊都《いつ》には、表意文字として、厳《いつ》と稜威《いつ》が用いられ、①忌み清めた。神聖な。②尊厳な。③勢いの激しい。意味があり、多くは神事に関するものに言った。

筑紫倭王は皇祖神のことでもあるから、その国名は当時の最高の名称で呼ばれたのである。

伊都国は盟主国として最上の名称を諸国から奉られていたのである。今後はイツノクニと訓まれるべきであることを提言する。」（『悲劇の金印』P121／〔 〕は引用者記）

原田氏は、『記・紀』の中でよく使用されている「伊都《いつ》」の表意文字として、「厳《いつ》・稜威《いつ》」を挙げています。私は原田氏の推定にならって、弥生時代の北部九州に存在した連合国家を「イツ」と言い、また原田氏の研究を参考にして、その名称を「稜威《いつ》」と表記します。


「倭《わ》」を「稜威《いつ》」へ。

「奴国《なこく》」を「那国《なのくに》」へと。


二千年の昔に与えられた従属的名称を改めた時、私は、長年、無自覚のままに自らを縛ってきた様々な軛《くびき》（牛馬を制御する器具）を解いたように思います。

軛が掛けられている間は、それが魂の自由を奪うものだとは夢にも思いませんでした。

憧れ、畏怖《いふ》した相手の与える真綿の軛は、それはそれは心地の良いものなのですから……。

◈◈敬慕《けいぼ》ゆえの忘却《ぼうきゃく》◈◈

「儺縣」という名称の中にある「儺《な》」とは、大陸において、「殷《いん》・周《しゅう》」の時代（紀元前）に成立したと言われる「鬼を追い払（祓）う祭」のことであった。

『続日本紀《しょくにほんぎ》』の「慶雲《けいうん》三年（七〇六）の条」に「大儺《たいな》」の記述が見られることから、この祭が遅くとも八世紀初頭（奈良時代）には日本へと伝わっていたことが分かる。

宮中で大晦日に執り行われていた「大儺」は、九世紀後半（平安時代）には「追儺《ついな》（鬼やらい）」と呼ばれるようになり、後に「節分祭」として全国に広がっていった。

北部九州では、弥生時代には既に大陸の文化を導入していた。当時、外交の玄関口として機能していたと考えられる「中の国」であってみれば、その地に、日本の何処《どこ》よりも早い時期に、「儺」が伝わっていた可能性は十分にあるだろう。

古代、「中の国＝儺縣」では、その名称が示す通り、鬼を追い払（祓）う祭である「儺」が執り行われていたものと筆者は考える。

「中の国＝儺縣」という土地にあって、祓わねばならなかった「鬼（災厄）」とは何であろうか。

筆者はそれを、本書で論証してきた「倭王への反逆という大禍事（大災厄）」と考える。

その「大禍事（大災厄）」が「中の国」を舞台として弥生時代に実在したがゆえに、当時の日本人は「中の国」という名称の中にある「な」の音に「儺」の文字を充てて「儺国《なのくに》」とし、後世、仲哀天皇の生きた四世紀後半（原田学説に基づく）にはその地の名称は「儺縣」とされたのだった。

「儺縣」という名称は、「弥生時代の倭で起きた金印にまつわる重大事件」に由来していたのである。

『日本書紀』の「宣化天皇元年（五三六）夏五月の条」に見られる「那津」の記述により、六世紀前半には「儺縣」の地を表すのに「那」の文字を用いたことが推測されるが、「那」に口偏《くちへん》を付けると「哪《な》」となる。これは「鬼やらいの際に鬼を追う声」のことだ（『字通』の記述に基づく）。

文献には遺らないが、「那」の文字を用いる以前、「儺縣」の地を表すのに「哪」の文字が用いられた時代があったものと筆者は考える。

なお、『日本書紀』の「斉明《さいめい》天皇七年（六六一）三月の条」に「娜大津」の記述が見られるが、「娜《な》」の文字には「しなやか・たおやか」の意味があり（『字通』の記述に基づく）、「那」に類似する。

「中の国」という名称の中にある「な」の音の表記は、「儺→哪→那（娜）」と変化してきた。

先人たちは文字を替えることで、「災い」の記憶を「幸い」の記憶へと変えようとしたのだった。

「弥生時代の倭で起きた金印にまつわる重大事件」は、時代と共に人々の記憶からは遠ざかり、「那珂郡」が出現する八世紀には、その記憶は完全に消え去ってしまったことだろう。

二十一世紀の現在、それが那国王《なのくにのきみ》への敬慕ゆえの忘却であったことを知る人はいない……。

悲劇の王に一輪の花を

稜威《いつ》を揺るがした重大事件より約一一〇〇年の後、かつての那国《なのくに》の中心地一帯は岩戸と呼ばれ、小《こ》松内大臣平重盛《まつないだいじんたいらのしげもり》公の娘婿である大宰権少弐原田種直公により治められていました。

源平の合戦が起こり、原田種直公は九州における平氏《へいし》方の中心勢力として戦い、安徳天皇が西下された折には、岩戸の地に天皇を迎えて源氏の追っ手から匿《かくま》いました。その後平氏は、壇《だん》ノ浦《うら》での最後の決戦に敗北し滅亡します。

幼い安徳天皇は御祖母の二位尼《にいのあま》に抱かれて入水され、僅《わず》か八年の生涯を終えられました。

安徳天皇の御霊は、仮の御所を構えたと伝わる安徳台で、那珂川町の人々によって今に至るまでも篤く御祀りされています。

出土してより二三三年を経た平成二十九年（二〇一七）、金印最大の謎は解かれました。

私は今、安徳台に眠るもう一人の悲劇の王、那国王《なのくにのきみ》の御霊へ一輪《いちりん》の花を手向《たむ》けます。

古代から現代、そして未来へと貫く、命千歳というその花を……。

【補記】面《め》土《ど》地《ち》国《こく》とは何か

本書のＰ84に掲載する地図「連合国家倭（弥生時代）」に記される「面土地国」。この諸国名とその所在地について、原田氏は、驚くべき達見《たっけん》を遺している。『悲劇の金印』に述べられるその考察は、原田氏の没後に大変な話題となった、ある巨大な遺跡に関わるものであった。次に、その全文を紹介する。なお［　］内は、原田大六先生遺稿集編集委員会による付記である。

金印の下賜を受けて五十年後だが、『後漢書』には、「安帝永初元年（一〇七年）倭国王帥升等」が朝貢したことを記しているが、この倭国王は、倭王のことではない。というのは異伝がいくつも遺っていて、「倭」と「国」の間に「面」「面上」「面土」が挟まり「国」を省いて「面土地」「国」の次ぎに「土地」としたのがあるからである。これはどれが正伝であるかとなるが、通常こうした伝承は長い記述が簡略されるもので

倭面土地国　（復元形）

倭面土地　（『通典』嘉靖版・異称日本伝　大徳十一年（一三〇七年））

倭国土地　（『同』同明版）

倭面土　国　（『同』北宋版）
倭面上　国　（『東漢書』・『日本書紀纂疏』・『後漢書』・『翰苑』）
倭面　　国　（『後漢書』・『釈日本紀開題』）
委面　　　　（『前漢書』注・三国魏如淳）
倭　　　国　（『後漢書』劉宋・范曄）

と変化したもので、原形は「倭面土地国」であったのが、長過ぎた国名を省略したためにおこった異称であろう。

　では面土地などという国があったであろうかとなる。この国については、面土を回土の誤字とし、伊都国のこととしている。私は末盧国説に傾いたり、伊都国説に賛同したりで迷っていたが、やはり、倭面土地という長い国名を短縮して考えるのは気がかりであった。成人甕棺墓地の分布調査に当たって、私は面土地に近い地名が存在するのに行き当たった。佐賀県神埼郡三田川町の「目達原《めたばる》」である「目達」をメタと訓んでいるがメダチからの変化であろう。「面土地」と「目達」は近い地名ではないか。古名はどうであろう。目達原の南方二・五キロメートルの地点に米多《めた》という集落があるが、ここは『肥前国風土記』の三根郡米多郷《めたのさと》の名残りとされている。『和名抄』では米多に「女多」のルビをつけている。

　この米多とは、『国造本紀』に「竺紫米多国造」と出ているもので、かつては「国」と称された時代があったことを思わせる。メドチ→メタチ→メタと変化し、その地名が神埼郡目達原と三根郡米多とに分かれてはいるが、

「昔者《むかし》、此の郡（三根）と神埼の郡と合せて一つの郡たりき、然るに海部直嶋《あまべのあたひしま》、請ひて三根の郡を分ち、即ち神埼の郡の三根の村の名によりて、郡の名となせり」（『肥前国風土記』）のように、もとは一郡であったのが分かれたもので、その時に目達原と米多が分離されたのであろう。

末盧国は、一国が著しい拡大を見せたが、この面土地は郷名にまで縮小された著しい例であろう。

ただし目達原の「目」も「米多」の「米」も、上代ではどちらも「乙類のメ」であり、「面」は「甲類のメ」であった。

しかしメ音の甲乙類の混同は奈良時代におこり、

麻通羅佐用嬪面《マツラサヨヒメ》（『万葉集』巻五・八七三）
麻通良佐用比売《マツラサヨヒメ》（『同』巻五・八七四）
麻通良佐用比米《マツラサヨヒメ》（『同』巻五・八七一）

最後に使用されている「面」「売」は「甲類のメ」であるが、「米」は「乙類のメ」である。このような甲乙混用は「面土地」を奈良時代には「目達」にも「米多」にも変化させたのであろう。

なお「米多国造」は、その頭に「竺紫」を冠している。古く肥前も筑紫であったことの残存と思われるが、面土地国の版図は、丁度奴国と背振山地を境にした南方に当たり、基肄《きい》、養父、三根、神埼の四郡に分かれたのであろう。漢式鏡（ほとんど一面）を副葬した甕もかなり発見されており、銅鐸、細形銅剣の鋳型や土製鐸の出土など、報道でにぎわう佐賀県東部は面土地国でのできごとであった。

［平成元年二月二十三日から、新聞紙上でにぎやかに報道されている佐賀県の吉野ケ里遺跡について述べておきたい。吉野ケ里は、ＪＲ九州の長崎本線の神埼駅（西）と三田川駅（東）とを結ぶ直線（約二・五キロメートル）の中間点から北へ約七百メートルに位置しており、その東の目達原《めたばる》とは約二・四キロメートルしか離れていない。ここは、原田大六先生が、生前から指摘していられる面土地国そのものである。平成四年一月一日に至っても、このことを指摘する学者が誰一人いないことを、ここに記録しておく。］

（『悲劇の金印』Ｐ１１１〜１１４）

亀井南冥と金印弁

天明《てんめい》四年（一七八四）二月二十三日（旧暦）、筑前国那珂郡志賀島村《ちくぜんのくになかぐんしかのしまむら》の農民、秀治《ひでじ》と喜平《きへい》は、志賀島の南端、波の寄せる磯の側《そば》、叶崎《かなのさき》というところの田地の境の溝の水はけが良くないので、溝の形を直そうとその岸を切り落としたところ、土中より小さな石積みが出てきた。掘り進むうちに、二人で持ち上げられるほどの石に当たった。これを金梃子《かなてこ》で掘り除くと、石の間に光るものを見つけた。取り上げて水ですすげば、なんとそれは「黄金の印」であった。

二人は直《す》ぐにこの印を、土地の所有者である甚兵衛《じんべえ》に渡した。

甚兵衛は、この印を、どう扱ったらよいものかと村人たちに相談した。

村人たちは、印は、志賀大明神《しかだいみょうじん》の境地より得たのであるから、志賀海《しかうみ》神社の神宝《しんぽう》とすべきと考えたが、神慮《しんりょ》にかなわず奉納《ほうのう》されることはなかった。

甚兵衛のもとへと戻った印を、兄の喜兵衛《きへえ》が、以前の奉公先の主人である博多の豪商、米屋才蔵《よねやさいぞう》に見せたところ、才蔵は、面白いものだとこれを買い上げた。珍しいものを手に入れたことに喜んだ才蔵は印を持って、平素より心安くしている那珂郡役所奉行《ぶぎょう》、津田源次郎《つだげんじろう》を訪ねた。津田は学識の深い人であったが、この印の意味するところは分からなかった。

こうして印は、才蔵と昵懇《じっこん》であり、津田の子の学問の師である、黒田藩の儒学者《じゅがくしゃ》・亀井南冥《かめいなんめい》により鑑定されることとなった。

『後漢書』の「倭伝」に次の一文がある。

「建武中元二年　倭奴國　奉貢朝賀　使人自称大夫　倭國之極南界也　光武賜以印綬」

南冥は、文中にある「印綬《いんじゅ》」こそが、志賀島より出土した「金印」であるものと断定した。

「漢委奴國王」

その印文は『後漢書』の記述と完全に一致していたのだ。

南冥の鑑定によって、金印が日本の歴史上、重大な意味を持つものであることが分かった。しかし、その一方で金印には、鋳潰《いつぶ》されてしまうかも知れないという危険が迫っていた。

「不届き千万の無礼極まる文字が刻まれた金印を、取り上げて保存し珍重することは、あたかも漢の非礼を黙認することに等しい。鋳潰して武器の装飾にしてしまえ！」との議論が、黒田藩士によって大いに叫ばれ始めたのだった。

これに戦慄《せんりつ》した南冥は郡役所に駆け込み、津田源次郎に談判した。南冥は、金印を保全すべく、金十五両での買取を願うが許されない。それならばと、金百両をご用意しますと申し出た。

南冥の懸命の願いに、黒田藩庁も金印の重要性を認め、藩学者たちに「金印鑑定書」の提出を命じた。

南冥は直ちに、その執筆を開始した。無比の遺物、金印を守るために……。

南冥は、「金印鑑定書」とともに、『金印弁《きんいんべん》』と題した書物を著《あらわ》した。

『金印弁』には「金印弁或問《きんいんべんわくもん》」という異形《いぎょう》の章があった。それは、一問一答の形をとって、九項目に及ぶ金印への疑問に南冥自身が答えているのである。

その第四項の「問と答」を紹介する。

「或問て曰《いわく》、異國にて本朝（日本）の國号を、種々に名付けたる内、倭奴國と云たるは、北胡《ほくこ》を匈奴《きょうど》と称したる同意にて、大に鄙《いやし》めたる詞《ことば》なるべし。本朝は神國なるを、奴僕の「奴」の字を加えたるは、不満なることならずや。」
「答て曰、古語に、知る所少なければ、疑う所多と云えり。倭奴の奴を、奴僕の「奴」と心得るは、実に文盲なる疑いなり。（中略）
彼國（漢）にて、國（日本）の名はいかがなりやと問たらんに、本朝の使者口上にて、「やまとのくに」と答え、たるなるべし。彼國にて本朝の國号を倭と名付けたることは、漢以前よりのことなれば、「やまとのくに」と云詞について、奴の字を加えて、「倭奴國《やまとのくに》」と記したるなるべし。「奴」は華音にて、「の」と出るなり。（中略）
此方の文盲にて、鄙めたりと思い、彼國（漢）を咎《とが》めるは、無理なる腹立にて、笑うべきなり。」

漢が日本の国号を「倭奴國」と名付け、そこに奴僕の「奴」の文字を加えていることへの憤りの問に対して南冥は、「奴」は華音では「の」と発音する、つまりそれは、助詞の「の」であるとして「倭《やまと》奴國《のくに》」と読んで、これを、国辱ではないと答えた。

医学博士・中山平次郎《なかやまへいじろう》氏（一八七一～一九五六）は、九州考古学の祖と言われ、その研究の偉大なることは、衆目の一致するところであった。中山氏は、金印の研究においても多大なる成果を上げ、昭和二十五年（一九五〇）には、「金印は元来長崎にあったとの説」に対する反論として「漢委奴國王印の発見地に就《つ》いて」と題する論文を発表した。論文は、南冥の置かれた苦しい立場を思いやり、当時の南冥の胸中を察した名文である。次に、その一部を紹介する。

「（前略）先生には奴の字が鬼門であり、これを国号と解してはならない苦しい立場におられるのだ。（中略）南冥先生は鬼門に触れることを巧みに避けて、独特の論法を以て逆襲に出て、ひたすら諸士の憤懣《ふんまん》を解除せんと努めておられる。これが先生の実際の確信であったや分からぬが、如上《じょじょう》の危険を孕《はら》んだ詰問に対する答弁としては、洵《まこと》に絶妙と讃嘆せざるを得ぬ。他の諸学者何等《なんら》制限を受けることなき、極めて自由なる学説と列《なら》べて、先生苦心の考案を批判する者がある。それは当時の先生の立場を理解し得ない人達だ。金印弁或問は学説の発表ではない。当時先生にふりかかった難題に対して、金印を保全せんとして弁解しておられるのだ。即ち検事の論告に対する、弁護士の弁論のようなものだ。先生の苦しい立場を思いやる学者がないのは不思議である。（後略）」（中山平次郎・原田大六著『師弟

遺稿集　心の墓標』歴史新報社、二〇〇九年、P134～136／〔 〕は引用者記）

中山氏は、その後、自身の金印研究の集大成とも言うべき、論文「金印考《きんいんこう》（金印物語）」の執筆に心血を注いだが、それが氏の絶筆となる。遺《のこ》された論文は未完であった……。

古今の学問に通ずる南冥の論法は、金印鋳潰し論者たちをも納得させた。こうして、危うく鋳潰されてしまうところであった金印は、黒田藩庫に納められ、長く黒田家の家宝として所蔵された。

金印の発見当時、その真価を知る者は、南冥ただ一人であった。

同時代人として南冥には、金印の文字に憤慨する黒田藩士の気持ちは痛いほどに分かっていたことであろう。しかし、それに同調してしまえば、歴史の証は永久に失われてしまう……。

果たして南冥は、真実、「倭奴國」を「やまとのくに」と読んだのであろうか。

当代随一《とうだいずいいち》の学者と言われた南冥ほどの人物が、「倭奴國」の「奴」の文字に込められた、漢の日本に対する差別心に気付かぬことなどあり得ない。

私は「金印弁或問」の第四項の答を、南冥が金印を守るためにあえてなした詭弁《きべん》であったものと拝察する。漢代の尺度で一辺僅《わず》か一寸（約二・三センチメートル）、この小さな金印に南冥は、広大無辺《こうだいむへん》な悠久《ゆうきゅう》の時を観ていた。

「その文字が語る屈従の歴史……。日本が再び大国の庇護下《ひごか》に入るようなことは、決してあってはならぬ。この金印を以《もっ》て今の世の、そして後世への戒《いまし》めとすべし」

それが、『金印弁』を著した南冥の真意であったろう。

南冥にとって、金印を守ることは、この国の未来を守ることに他ならなかった。

儒教《じゅきょう》では「仁《じん》・義《ぎ》・礼《れい》・智《ち》・信《しん》」の五常《ごじょう》を重んじる。その内の一つ、「信」には「欺《あざむ》かず」の意味がある。

南冥は誠《まこと》の儒学者であった。

私の拝察が正鵠《せいこく》を得たものであるとすれば……、「信」に反して詭弁を弄《ろう》さねばならなかった南冥の辛苦《しんく》は、察するに余りある……。

殺身以成仁（身を殺して以て仁を成す）（『論語《ろんご》』中の孔子《こうし》の言葉）

文化十一年（一八一四）三月二日（旧暦）。

儒学者・亀井南冥は、儒教の祖・孔子《こうし》の教えに殉《じゅん》じ、七十二年の波乱の生涯を閉じた。

透徹《とうてつ》した眼差しを持つ異才は、いつの時代も孤独だ。しかし、そこには必ずその灯《ひ》を受け継ぐ者たちが現れる。

亀井南冥、没して二百余年。

その魂は再び輝くだろう。

二千年の時を経て、今もなお光を放つ、あの金印のように。

金印の出土地点についての一考

現在、福岡市博物館（福岡県福岡市早良《さわら》区百道浜《ももちはま》三丁目一―一）に常設展示されている、国宝「漢委奴國王《かんのわのなのこくおう》の金印」が、紀元五七年に漢の光武帝より贈られた印の「真物《しんぶつ》」であること、そしてその発見地が、福岡県の「志賀島《しかのしま》」であることは、黒田藩の儒学者《じゅがくしゃ》・亀井南冥《かめいなんめい》をはじめとする古今の研究者によって立証されており、そこに疑問の余地はありません。

しかし、「金印は、志賀島（東西約二キロメートル、南北約三・五キロメートル、周囲約九・五キロメートル）の何処《どこ》から出土したのか？」この問いに対する答えには、複数の説が立てられており、出土より約二三〇年を経た現在でも、その論争には終止符が打たれてはいません。

金印の発見者として一般に知られる、志賀島の農民、甚兵衛《じんべえ》が、天明四年（一七八四）三月十六日（旧暦）に、那珂《なか》郡役所に提出した「百姓甚兵衛口上書《ひゃくしょうじんべえこうじょうしょ》」には、志賀島の叶の崎《かなさき》（叶崎《かなのさき》）というところの田の境の溝の岸から金印が出土した旨が記されています。

これが最も古い、金印の出土状況の記録であり、後世の金印に関する全ての研究は、この口上書を起点としています。

「百姓甚兵衛口上書」が提出されてより、長い年月を経るうちに、口上書に記された、金印の出土地点の正確な位置は分からなくなりました。

近代において、最初に金印の出土地点を推定したのは、医学博士・中山平次郎《なかやまへいじろう》氏でした。大正時代の初め、中山氏は、その当時ただ一人、金印の出土地点の所在を聞き伝えていた志賀島在住の古老の記憶と、志賀海《しかうみ》神社の宮司を奉職《ほうしょく》する阿曇《あづみ》家に伝わる『筑前国続風土記附録《ちくぜんのくにしょくふどきふろく》』の「文と付《ふ》絵図《えず》」の描写、そして「百姓甚兵衛口上書」などの史料をもとに考察し、金印の出土地点を、「現在の金印公園に建つ「漢委奴國王金印発光之処の石碑」から、前方の海に向かって右斜め（西南）に進み、道を渡ったところにある小さな田地の境の溝の岸辺り」と推定されました。

現在では、その小さな田地は激しい浸食作用により消失し、その地点は舗装道路の下になっていますが、昭和二十年代に撮影された「漢委奴國王金印発光之処の石碑」の付近の写真（『岩波写真文庫　金印の出た土地—北九州の歴史—』（岩波書店、一九五一年。原田大六氏が執筆）に掲載）を見ると、中山氏の推定地点には、小さな田地の存在が確認できます。

中山氏の推定より約七十年を経た、平成元年（一九八九）十二月六日、福岡市教育委員会は、「漢委奴國王金印発光之処の石碑」の西側道路中央の旧谷部、「浸食により失われた小さな田地があったと考えられる箇所」、すなわち「中山氏の推定地点」を含む二か所にトレンチ（試掘坑）を設定し、その地点を調査しました。

次に、『志賀島・玄界島—遺跡発掘事前総合調査報告書—（福岡市埋蔵文化財調査報告書　第391集）』（福岡市教育委員会、一九九五年）より、その調査結果についての、福岡市教育委員会の見解が記された箇所を紹介します。

「（前略）調査地点は水田が形成される以前、14世紀頃までには礫層岩盤上にグライ化土壌、粘質土、細砂が厚く堆積したラグーン状を呈していたことが判明し、金印の時代に何らかの遺構が構築される状況ではなかったことが確認できた。（後略）」（『志賀島・玄界島―遺跡発掘事前総合調査報告書―（福岡市埋蔵文化財調査報告書　第391集）』P8）

福岡市教育委員会は、平成元年の調査の五年後の、平成六年（一九九四）の四月から十月にかけて、志賀島、及び玄界島の遺跡発掘事前総合調査を実施しました。それは、地元住民への説明会に始まり、志賀島の全島を踏査しての遺物の表面採集と散布範囲の確認、サイドスキャンソナー、及びサブボトムプロファイラーを使用しての志賀島、玄界島沖の海底探査、潜水による玄界島の海底調査、そして、志賀島での広範囲の試掘調査を行うという、綿密なものでした。

それらの調査の内容は、『志賀島・玄界島―遺跡発掘事前総合調査報告書―（福岡市埋蔵文化財調査報告書　第391集）』に詳細に記されています。

福岡市教育委員会は、平成元年と平成六年に実施された志賀島の陸上調査で得られた結果をもとに、『志賀島・玄界島―遺跡発掘事前総合調査報告書―（福岡市埋蔵文化財調査報告書　第391集）』の「第6章　まとめ」で次のように述べています。

「今後の課題

大正初期以来、志賀島は多くの先学や地元の識者によって研究が行われてきた。今回の調査はこれまでの成果を踏まえて行ったつもりだが、多くの点で課題を残した。金印出土地の問題については、考古学的調査のデータと文献の記述とは全く合致せず、解明すべき新たな課題が生じたと云えるが、これについては別の機会に詳細な検討を加えたいと考えている。しかしながら、分布調査の結果からすれば、志賀島、弘、勝馬の全地区に有望な遺跡が存在することが分かり、今後の発掘調査によって原始〜中世にいたる志賀島の歴史が明らかにされることが期待できる。とくに、金印がなぜ志賀島に埋められていたのかという金印に関する最大の問題の解明や、『万葉集』に詠まれた志賀海人の活躍と系譜も辿ることができると考えられる。」（『志賀島・玄界島―遺跡発掘事前総合調査報告書―（福岡市埋蔵文化財調査報告書　第391集）』P102／「文献の記述」とは、「百姓甚兵衛口上書」や『筑前国続風土記附録』の「文と付絵図」などの古文書を指す）

平成七年（一九九五）当時の福岡市教育委員会は、「中山氏の推定地点は、弥生時代に金印が埋蔵された地点ではあり得ない」と結論付けていました。

中山氏は、自身の推定した地点を、天明四年に金印が出土した地点と考えると同時に、紀元五七年頃に金印が埋蔵された地点と考えていました。そして、それは弟子である考古学者・原田大六《はらだだいろく》氏も同様でした。

複数の説が立てられている金印の出土地点ですが、私は、「中山氏の推定地点」こそが、その正確な位置と考えています。

それは、『志賀島・玄界島—遺跡発掘事前総合調査報告書—（福岡市埋蔵文化財調査報告書　第３９１集）』を読んでもなお、変わることはありませんでした。

私は、前記した、金印公園前道路の試掘調査の結果についての、福岡市教育委員会の見解には、やや性急な印象を受けます。

『志賀島・玄界島—遺跡発掘事前総合調査報告書—（福岡市埋蔵文化財調査報告書　第３９１集）』の刊行から、既に二十年を越えています。今後の調査によって、当時とは、また異なった見解が生まれる可能性は十分にあると私は考えます。

「万葉歌」に「鴻臚館《こうろかん》の所在地」を観て、「鏡《かがみ》・剣《つるぎ》・玉《たま》の三器」に「神武《じんむ》天皇の東征《とうせい》の実在」を観た中山氏……。

私は中山氏の、「真実を観通す感性」を信じます。

そして、未来の調査の成果が、「百姓甚兵衛口上書」の記述、及び『筑前国続風土記附録』の「文と付絵図」の描写の正確なこと、中山氏の推定の的確なことを証明するものであることを確信しています。

原田イトノ先生の思い出

平成二十年（二〇〇八）七月二十二日の糸島《いとしま》は、朝から晴天で、気温は三十度を超える暑い日でした。

「沖《おき》ノ島祭祀《しまさいし》遺跡」（福岡県宗像《むなかた》市大島沖ノ島）と「平原弥生古墳《ひらばるやよいこふん》（平原一号墓）」（福岡県糸島《いとしま》市有田《ありた》一番地他）、国宝となった二つの遺跡の発掘調査、そして研究をされた考古学者・原田大六《はらだだいろく》先生。

先生の著書を拝読して以来、その人物に魅了され、学説に心酔していた私は、その日、初めて先生のお宅を訪ねたのです。

表札に「原田大六」と刻まれた玄関の戸を引くと、そこには原田大六先生の奥様、原田イトノ先生が柔和な笑みを湛《たた》えていらっしゃいました。

挨拶の後、居間へと通された私は、真っ先に御仏壇の大六先生の御位牌に手を合わせました。

それから、なんと六時間！　八十歳を超えるとは思えない元気のよいイトノ先生は、時には静かに、時には激しく、在りし日の大六先生との思い出を私に語ってくださいました。その日は、大六先生の著書、『邪馬台国論争』（三一書房、一九六九年）と『原田大六論』（中央公論事業出版、一九七六年）の二冊をイトノ先生から頂き、感慨無量《かんがいむりょう》で原田邸を後にしました。

イトノ先生にお会いして、しばらく経ったある日のことです。『原田大六論』を読んでいた私の目は、一つの記事に釘付けになりました。

そこには、小松内大臣平重盛《こまつないだいじんたいらのしげもり》公の遺髪を納めたと伝わる、「骨蔵器《こつぞうき》（1）」を修復する大六先生の姿がありました。その骨蔵器は、私の生家に関わりの深いものでしたが、長年所在が不明となっていたのです。記事を読んだ私は、骨蔵器は必ず何処《どこ》かにあるものと確信し、縁ある方々に協力を仰ぎ探し始めました。しかし、どうしても見つからないのです。

有力な情報もないままに、季節は巡り、気が付けば一年の時が過ぎようとしていました。遂《つい》に手立てもなくなり、万策尽きた私は、その日、最後の頼みと思い、イトノ先生を訪ねました。

私の話を聞き終えたイトノ先生は、大六先生直筆の二冊の「志登支石墓群出土品収蔵庫台帳《しとしせきぼぐんしゅつどひんしゅうぞうこだいちょう》」を出してこられ、こうおっしゃいました。

「主人が修復したとやったら、これに必ず載っとるはずよ」

「台帳」には、数多くの遺物の写真と共に、その内容が詳細に記されていました。

胸の高鳴りを抑えて一冊目を手に取り、ページをめくりますが載ってはいません。そして、二冊目……。

「あった！　イトノ先生ありました！」

それは紛れもなく、探し続けた骨蔵器でした。

知らぬ間《ま》に、私は落涙《らくるい》していました。

「平重盛公が、あなたを遣《つか》わして探されたとよ。私も主人の学問が人のためになって、こんなに嬉しかことはなかよ」

イトノ先生は満面の笑みで、そうおっしゃいました。その時の仏様のようなお顔を、私は忘れることはできません。その後、「台帳」によって行方が判明した骨蔵器は、平成二十一年（二〇〇九）七月六日、私の生家へと帰ってこられたのです。

大六先生とイトノ先生には、お子様がいらっしゃいませんでした。私のことを「孫ちゃん」と言って可愛がってくださったイトノ先生も、平成二十五年（二〇一三）三月十二日、不帰《ふき》の客《きゃく》となられました。

私がイトノ先生と関わることができたのは、五年という僅《わず》かな時間でしたが、それは私の人生の大きな宝となりました。

大六先生は、考古学において数多くの功績を遺《のこ》されました。その中でも最大のものは、やはり平原弥生古墳の発掘調査、そして研究でしょう。

大六先生は、この遺跡の調査報告書の作成に取り組むさなか、病に倒れます。

「調査報告書を世に出さんことには、死ぬにも死なれん！」

それが、大六先生の最期の言葉となりました。

昭和六十年（一九八五）五月二十七日逝去、享年六十八歳。

調査報告書を刊行するために必要な資料は、既にほぼ全てが揃い、整理されていました。完成まではもう一歩だったのです。どれほど無念だったことでしょう。

イトノ先生は最愛の人を失った悲しみの中、その遺志を受け継ぐことを決意されます。

それからのイトノ先生は、大六先生と縁の深い有志の方々に協力を仰ぎ、調査報告書の刊行に全身全霊を傾けられました。

大六先生の没後六年目にして、調査報告書、原田大六著『平原弥生古墳　大日孁貴の墓《おおひるめのむち》』（葦書房、一九九一年）は刊行されました。超大判、縦約三八センチメートル、横約二八センチメートル、上下巻合わせて約六・六キログラムの調査報告書の刊行にかかった費用は、およそ五千万円でした。

イトノ先生は、大六先生の著書の原稿料、そして小学校の教諭であった自身の退職金や貯えの全てをなげうって、その費用を捻出されたのです。

平成十八年（二〇〇六）六月九日、平原弥生古墳の出土品は一括して国宝の指定を受けました。

国宝決定の報《しら》せを受けたイトノ先生は、長い間の思いが溢れ、涙が止まりませんでした。

大六先生は生前より、出土品が国宝となることを確信し、イトノ先生もそれを疑いませんでした。

ここに、大六先生、イトノ先生、お二人の悲願は叶《かな》えられたのです。

調査報告書の刊行より十五年目、大六先生の没後二十一年目、平原弥生古墳の発見より四十一年目のことでした。

大六先生の遺された偉大な功績は、イトノ先生の献身なくしては決してあり得ませんでした。平成二十九年（二〇一七）は、大六先生の生誕百年の年です。イトノ先生も、お元気でいらしたならば九十二歳になられます。

思えば、原田大六という名刀を納めることができたのは、原田イトノという鞘《さや》だけでした。それは、美々《びび》しく飾った豪奢《ごうしゃ》なものではなく、戦《いくさ》に疲れた刀身の安らぐところ、休め鞘とも呼ばれる白木の鞘だったのでしょう……。

【注】

（1）骨蔵器《こつぞうき》……平安時代末期から鎌倉時代初期（約八百年前）に制作された、高さ約一八センチメートルの滑石《かっせき》製の石甕《いしかめ》。

むすび

皆様、これは何を描いたものと思われますか？

本書の終わりに紹介するこの絵は、考古学者・原田大六《はらだだいろく》氏が、昭和二十七年（一九五二）に、福岡県の糸島《いとしま》郡（現糸島市）で発行される「糸島新聞」に連載していた、論文「天皇の故郷《ふるさと》」の挿絵だったものであり、原田氏自身の筆によるものなのです。

© 2017 原田大六記念館

日本国家の起原を探求した、考古学上、大変重要な研究論文であるにも拘《かか》わらず、考古学界では、長い間顧《かえり》みられることのなかった、論文「天皇の故郷」。

しかし、これを書籍として甦らせ、その真価を今の世に問いたいと願う原田氏の奥様、イトノ氏の強い意志によって、平成十九年（二〇〇七）に、歴史新報社より、書籍『天皇の故郷』は刊行されました。

「この鳥は八咫烏《やたのからす》たい。横から見たら分からんが、前から見れば足が三本あるとが分かるとぞ」（八咫烏《やたのからす》は三本の足を持つと言われる）

イトノ氏は、原田氏から、そのようにお聞きになったそうです。

「八咫烏《やたのからす》」の側《そば》には、何か文字らしきものが見えますが、私には、

「TETSU」と描かれているように思えます。

生前の原田氏は、この文字については何も語ってはいません。

これは、原田氏から読者へと出された「謎」だったのではないでしょうか。

日本神話では、八咫烏《やたのからす》に導かれて、神武《じんむ》天皇は大和に入られます。

「神武天皇の東征《とうせい》は二世紀後半（弥生時代）の歴史事実であり、その出立地は伊都国《いとこく》である。そして、東征時に神武天皇が佩《は》いておられたのは鉄刀であった」

原田氏は、昭和五十五年（一九八〇）に著《あらわ》した『銅鐸《どうたく》への挑戦　全五巻』（六興出版、一九八〇年）で、そう断定しています。

原田氏が『銅鐸への挑戦　全五巻』の三十年前に著した「日本国家の起原―古墳文化形成過程の研究―」、そしてその二年後に著した「天皇の故郷」。この二本の論文の内容を検討すると、「天皇の故郷」の執筆時、三十五歳、若き日の原田氏は既に、前記と同様の見解に至っていたことが分かります。

これを理由に私は、「TETSU」とは「鉄刀」の「鉄」、すなわち「神武天皇」を表したものと推察します。

原田氏は、天皇のお姿を描くことを畏《おそ》れ多いと思い、隠喩《いんゆ》として、このような表現をとられたのでしょう。私はこの素朴な絵に、原田氏の歴史への並ならぬ愛情と、皇室への深い敬愛の念を感じるのです。

さて、本書の題名を『鴉《からす》』と申しますが、これは、童話の最後に登場する伝説の烏《からす》、「金鴉《きんあ》」に由来するものです。日本神話に明るい方は、これを読まれて即座に、神武天皇の弓の先に止まり、放つ光で敵の目を眩《くら》ませた「金鵄《きんし》」を想起されたことと思います。

「金鵄ならば知っているが、金鵄とは何のことだろう？」

そのような疑問を持たれたであろう方々へ、原田氏の著書『卑弥呼《ひみこ》の鏡』（六興出版、一九七八年）より、次の一文を紹介して、その答えと致します。

「（前略）「金色の靈《あや》しき鵄《とび》有りて、飛び來りて皇弓《みゆみ》の弭《はず》に止《とま》れり。其の鵄光り曄煜《てりかがや》きて、狀流電《かたちいなびかり》の如し」（神武紀前紀）

この「鵄《〔とび〕》」は、「鴉《〔からす〕》」の誤字であろう。金鴉《きんあ》・金烏《きんう》は中国では太陽のことで、中国漢代の画像はすべて烏に描かれ、法隆寺《〔ほうりゅうじ〕》の玉虫厨子《〔たまむしのずし〕》の太陽も三本脚の烏になっている（第1図）。大津皇子《〔おおつのみこ〕》も「金烏《きんう》西舎にてらい」（『懐風藻《〔かいふうそう〕》』）と太陽を金烏《きんう》と詠《〔よ〕》んでいる。ヤタのカラス（八咫烏）と同一である。鵄は鴉に近いので、「牙」扁が「至」扁になったまでである。（後略）」（『卑弥呼の鏡』P20／第1図は『卑弥呼の鏡』に掲載される「玉虫厨子の写真」を指す。〔〕は引用者記）

平成二十九年（二〇一七）は、百年に一度と言われる「平原弥生古墳《ひらばるやよいこふん》（平原一号墓）」の発見より五十二年目となります。

「日本神話は実在した。日本国家の起原は伊都国にあり」

原田氏が、平原弥生古墳の発掘調査、そして研究から得た確信は、終生変わることはありませんでした。

俺の学説は五十年後に認められる……、そう語っていた原田氏。

不世出《ふせいしゅつ》の考古学者、原田大六の魂は死なず。

原田学説は、今一番新しい。

平成二十九年五月二十七日

月潭眞龍

日神《ひのかみ》の御子《みこ》

月潭眞龍

そのひとは祈る
神と対話し　全身全霊を以《もっ》て民の安寧《あんねい》と幸せを祈る
比類なき純粋さを以て斎行《さいこう》される祈りの祭祀《さいし》は
古代と現代とを繋《つな》ぎ　未来を象《かたど》る
行住坐臥《ぎょうじゅうざが》　すべてが祈りの中にあるそのひとは
市井《しせい》の人々の傍《かたわ》らに立ち　その声に耳を傾け　思いに寄り添う
そのひとは言う　相たずさえて　この国の未来を築いてゆこうと
今を生きる私たちが　いつかこの世を去ったのちも
日本にはその無私のひとがいて
民を思い　民のために祈り続けてくださっている
天照大御神《あまてらすおおみかみ》を祖とし　いつの世も　常に民と共にあるその存在を思う時
私の内に未来への希望が生まれた……

（平成二十八年八月八日の天皇陛下のお言葉を拝して）

◇主要参考文献

中山平次郎著「金印物語」（岡崎敬編『日本考古学選集11　中山平次郎集』築地書館、一九八五年所収）
原田大六著『悲劇の金印』学生社、一九九二年
原田大六著、平原弥生古墳調査報告書編集委員会編『平原弥生古墳　大日孁貴の墓』葦書房、一九九一年
『沖ノ島　宗像神社沖津宮祭祀遺跡』宗像神社復興期成会、一九五八年
『続沖ノ島　宗像神社沖津宮祭祀遺跡』宗像神社復興期成会、一九六一年
原田大六著『日本古墳文化―奴国王の環境―』東京大学出版会、一九五四年
原田大六著『実在した神話』学生社、一九六六年
原田大六著『邪馬台国論争』三一書房、一九六九年
原田大六著『新稿　磐井の叛乱』三一書房、一九七三年
原田大六著『万葉集発掘―考古学による万葉解読―』朝日新聞社、一九七三年
原田大六著『万葉集点睛　一』丸ノ内出版、一九七四年
原田大六著『万葉集点睛　二』丸ノ内出版、一九七五年
原田大六著、原田大六記念館編『万葉革命―よみがえる万葉人の魂の叫び―』歴史新報社、二〇〇八年
原田大六著、原田大六記念館編『万葉解釈への反逆―考古学が解く「枕ことば」のナゾ―』歴史新報社、二〇一二年
原田大六著、原田大六記念館編『万葉革命―古代日本の鏡―上』歴史新報社、二〇一三年
原田大六著、原田大六記念館編『万葉革命―古代日本の鏡―下』歴史新報社、二〇一三年
原田大六著『日本国家の起原　上』三一書房、一九七五年
原田大六著『日本国家の起原　下』三一書房、一九七六年
原田大六著『卑弥呼の墓』六興出版、一九七七年
原田大六著『卑弥呼の鏡』六興出版、一九七八年
原田大六著『雷雲の神話』三一書房、一九七八年
原田大六著『銅鐸への挑戦1―太陽か台風か―』六興出版、一九八〇年
原田大六著『銅鐸への挑戦2―殉職の巫女王―』六興出版、一九八〇年
原田大六著『銅鐸への挑戦3―誇り高き銅鐸―』六興出版、一九八〇年
原田大六著『銅鐸への挑戦4―破壊された銅鐸―』六興出版、一九八〇年
原田大六著『銅鐸への挑戦5―倭国の大乱―』六興出版、一九八〇年
原田大六著『阿弥陀仏経碑の謎―浄土門と宗像大宮司家―』六興出版、一九八四年
原田大六著『天皇の故郷』歴史新報社、二〇〇七年
中山平次郎・原田大六著、原田大六記念館編『師弟遺稿集　心の墓標』歴史新報社、二〇〇九年

荒木重人著、原田イトノ監修、原田大六記念館編『孤高の天才　原田大六―その学問と波乱の生涯―』歴史新報社、二〇一〇年
原田大六先生後援会編『原田大六論』中央公論事業出版、一九七六年
『平原遺跡（前原市文化財調査報告書　第70集）』前原市教育委員会、二〇〇〇年
『志賀島・玄界島―遺跡発掘事前総合調査報告書―（福岡市埋蔵文化財調査報告書　第391集）』福岡市教育委員会、一九九五年
『安徳台―福岡県筑紫郡那珂川町大字安徳所在安徳台遺跡群の調査概報―（那珂川町文化財調査報告書　第52集）』那珂川町教育委員会、二〇〇〇年
『安徳台遺跡群―福岡県筑紫郡那珂川町大字安徳所在遺跡群の調査―（那珂川町文化財調査報告書　第67集）』那珂川町教育委員会、二〇〇六年
『安徳台遺跡群―福岡県筑紫郡那珂川町大字安徳所在遺跡群の調査―（那珂川町文化財調査報告書　第67集）付編』那珂川町教育委員会、二〇〇六年
『安徳台遺跡群Ⅱ―福岡県筑紫郡那珂川町大字安徳所在遺跡群の調査―（那珂川町文化財調査報告書　第79集）』那珂川町教育委員会、二〇一〇年
『山陽新幹線関係埋蔵文化財調査報告　春日市大字上白水字門田・辻田所在門田遺跡辻田地区墓地群の調査　第9集』福岡県教育委員会、一九七八年
『福岡市　鴻臚館跡Ⅰ　発掘調査概報（福岡市埋蔵文化財調査報告書　第270集）』福岡市教育委員会、一九九一年
『九州大学理学部研究報告（地質学）第14巻　第4号』九州大学理学部、一九八六年
白川静著『漢字―生い立ちとその背景―』岩波新書、一九七〇年
白川静著『字統』平凡社、一九八四年
白川静著『字訓』平凡社、一九八七年
白川静著『字通』平凡社、一九九六年
早船正夫著『儒学者　亀井南冥・ここが偉かった』花乱社、二〇一三年
大谷光男編『金印研究論文集成』新人物往来社、一九九四年
大谷光男著『金印再考―委奴国・阿曇氏・志賀島―』雄山閣、二〇一四年
『岩波写真文庫　金印の出た土地―北九州の歴史―』岩波書店、一九五一年
糸島郡教育会編『糸島郡誌（復刻版）』名著出版、一九七二年
『日本建国童話集　小学生全集第六巻』文藝春秋社、一九二七年
徳永寿美子著『たのしい神話とでんせつ　一年生』偕成社、一九五七年
たかしよいち著『考古学入門　大昔をさぐる』小学館、一九七四年
『新評（第二十二巻　第七号）』新評社、一九七五年

月潭眞龍（げったんしんりゅう）
眞心を売る店 カッツアーマー代表／原田大六記念館副館長

1971年、福岡県糸島郡（現糸島市）に生まれる。
幼少より古代史に非常な関心を持つも、長じては別の道を歩む。
2008年、考古学者・原田大六氏夫人、原田イトノ氏と邂逅した
ことにより古代史への情熱が再燃する。

鴉《からす》——神《かみ》となった金印《きんいん》

❖

2017年10月17日　第1刷発行

❖

著　者　月潭眞龍
発行者　別府大悟
発行所　合同会社花乱社
〒810-0073 福岡市中央区舞鶴1-6-13-405
電話 092(781)7550　FAX 092(781)7555
http://www.karansha.com
印刷・製本　有限会社九州コンピュータ印刷
ISBN978-4-905327-81-3